heptagon

LUISE KAUTSKY: GESAMMELTE SCHRIFTEN

HERAUSGEGEBEN VON GÜNTER REGNERI

BAND 5

Luise Kautsky

Erlebtes und Erfahrenes

Bibliografische Information der Deutschen Bibliothek:
Die Deutsche Nationalbibliothek verzeichnet diese Publikation in der Deutschen Nationalbibliografie. Detaillierte bibliografische Daten sind im Internet unter https://dnb.de abrufbar.

ISBN: 978-3-96024-005-1

Pappelallee 55 , 10437 Berlin
info@heptagon.de

1. Auflage

Herstellung: BoD - Books on Demand, Norderstedt

Dieses Buch ist auch als E-Book (ISBN: 978-3-96024-004-4) erhältlich.

Besuchen Sie uns im Internet: https://heptagon.de

Inhalt

Vorwort des Herausgebers

Luise Kautsky (1864–1944), Freundin von Rosa Luxemburg und Ehefrau des sozialistischen Theoretikers Karl Kautsky, gehörte in den ersten vier Dekaden des 20. Jahrhunderts zu den meist geachteten Persönlichkeiten der internationalen sozialistischen Bewegung. Sie knüpfte ein »soziales Netzwerk« mit zahlreichen Menschen aus aller Welt und hielt es mithilfe ihrer Sprachkenntnisse – neben ihrer Muttersprache sprach sie fließend Englisch, Französisch und Italienisch – brieflich und persönlich aufrecht.

Luise Kautsky trat auch als Publizistin in Erscheinung. Ihr Œuvre umfasst mehrere hundert Druckseiten, darunter auch Reise- und Erlebnisberichte, zu denen die elf Texte dieses Buches gehören. Da eine chronologische Ordnung nach Publikationsdatum nicht sinnvoll erschien, sind sie in fünf thematische Abschnitte gegliedert: *Früheste Erinnerungen*, *Novemberrevolution*, *Reisen und Begegnungen*, *Zaristisches Russland und Sowjetunion* sowie *Rotes Wien*.

Die Abschnitte *Früheste Erinnerungen* und *Rotes Wien* fallen dabei etwas aus dem Rahmen. So enthalten beide jeweils nur einen Text, der wiederum eine spezielle Publikationsgeschichte besitzt. *Früheste Erinnerungen* enthält das »Bruchstück einer Autobiographie«, in dem Luise Kautsky aus ihrer frühen Kindheit erzählt. Der Text erschien posthum als Buchkapitel in der Briefsammlung **Briefe an Freunde** von Rosa LUXEMBURG. Benedikt Kautsky gab das bereits von seiner Mutter fertiggestellte Manuskript im Jahr 1950 heraus. *Rotes Wien* dagegen besteht aus einem englischsprachigen Text: »Vienna under the Red Flag«. Luise Kautsky hatte ihn 1929 in dieser Sprache für ***The Social Democrat***, ein Funktionärsmagazin der britischen Labour Party verfasst. Darin analysiert sie die erfolgreiche Umgestaltung der gesellschaftspolitischen

Rahmenbedingungen im sozialdemokratisch regierten Wien seit 1918. Der Text erschien 1930 – jeweils übersetzt – in einer schwedischen und in einer finnischen Zeitschrift, jedoch nie in Deutsch.

In den beiden Texten des Abschnitts *Novemberrevolution* schildert Luise Kautsky einige ihrer Aktivitäten im Herbst 1918, als sie aufgrund ihrer Sprachkenntnisse im Auftrag des Rates der Volksbeauftragten, der deutschen Revolutionsregierung, »Im Haupttelegrafenamt«, die kaiserlichen Beamten kontrollierte, die dort bis dato die Auslandstelegramme zensierten. In »Meine Rolle im Auswärtigen Amt« wehrt sie sich gegen eine frauenfeindliche Hetzkampagne der rechten Presse gegen sie, als sie im Dezember 1918 zur Unterstützung von Karl Kautsky ins Außenamt wechselte (Orginaltitel »Eine Abwehr«).

Der Abschnitt *Zaristisches Russland und Sowjetunion* enthält ebenfalls zwei Texte. Im ersten, »Politische Gefangene im zaristischen Russland« berichtet Luise Kautsky – mit einem besonderen Fokus auf die Situation der betroffenen Frauen – über einen Vortrag, der der Berliner Öffentlichkeit im März 1914 die menschenverachtenden Zustände der zaristischen Justiz und ihres Gefängnissystems aufzeigen wollte. 18 Jahre später griff Luise Kautsky in »Russische Frauen von gestern und heute« die Situation der dortigen Frauen wieder auf.

Den Kern des Buches bildet jedoch der Abschnitt *Reisen und Begegnungen*, der mit seinen drei Texten gut die Hälfte dieses Bandes ausmacht.

In »Mai-Erinnerungen« schildert sie die großen internationalen Maidemonstrationen, an denen sie zwischen 1890 und 1919 teilnehmen und die führenden Persönlichkeiten der sozialistischen Bewegung kennen lernen konnte.

Der ausführliche Reisebericht »Eine Fahrt nach Georgien« resultiert aus Luise Kautskys Besuch der Demokratische Republik Georgien. Im Spätsommer 1920 reiste sie an der Seite ihres Mannes in Richtung Kaukasus ab. Zu diesem Zeitpunkt existierte Georgien als unabhängiger Staat, von zahlreichen Ländern völkerrechtlich anerkannt. Die georgischen Sozialdemokraten hatten Karl Kautsky neben anderen Vertretern der Zweiten Internationale eingeladen, den gesellschaftspolitischen Umbau ihres Landes zu begutachten. Während Karl vornehmlich mit den Mitgliedern des sozialdemokratischen Parteivorstandes und ihrer Parlamentsfraktion diskutierte, tauchte Luise Kautsky, soweit es ihr möglich war, in den georgischen Alltag ein, besuchte Märkte, Theater, Schulen und Frauenversammlungen. Im Januar 1921 kehrten die Kautskys aus Georgien zurück. Luise verschriftlichte ihre Eindrücke und musste dann erfahren, dass die Rote Armee das Land überfallen und annektiert hatte. Die Wiener ***Arbeiter-Zeitung*** publizierte im April 1921 ihren Bericht als dreiteiligen Feuilletonartikel unter dem Titel »Eine Fahrt nach Georgien«, der auch im selben Jahr – ins Französische übersetzt – in der von der Sozialdemokratischen Arbeiterpartei Georgiens im Pariser Exil herausgegebenen Textsammlung **L'Internationale Socialiste et la Géorgie** abgedruckt wurde. Ebenfalls unter dem Titel »Eine Fahrt nach Georgien« erschien im Juni 1921 ein zweiteiliger Artikel von Luise Kautsky in ***Die freie Welt***, einer illustrierten Wochenbeilage zur USPD-Zeitung ***Freiheit***. Im georgischen Teil unterscheiden sich die beiden Artikel nur wenig, doch ***Die freie Welt*** druckte auch Luise Kautskys Beschreibungen der Reisestationen bis zur Ankunft in Georgien ab, wodurch sich ein etwa 30% größerer Umfang ergab. Im vorliegenden Band bildet er deshalb die Grundlage; die Artikelserie der ***Arbeiter-Zeitung*** steuert die strukturierenden Kapitelüberschriften und weitere Ergänzungen bei.

Vier Jahre später veröffentlichte die ***Arbeiter-Zeitung*** einen weiteren Reisebericht von Luise Kautsky. Ihre »Fahrt nach Belgrad« beschrieb dem sozialdemokratischen österreichischen Lesepublikum Eindrücke des Balkans, der zu diesem Zeitpunkt aus dem Fokus der mitteleuropäischen Wahrnehmung verschwunden war:

Das vorliegende Buch ist als Lesebuch konzipiert. Die Orthografie wurde behutsam an die neue Rechtschreibung angepasst, offensichtliche Fehler im Druck wurden stillschweigend korrigiert, die Schreibweise von Personen, Organisationen und Zeitschriften vereinheitlicht. Soweit die Textüberschriften durch den Herausgeber gewählt wurden, erscheinen sie kursiv. Die vollständigen Drucknachweise der Texte finden sich am Ende des Buches.

Günter Regneri

Früheste Erinnerungen

Bruchstück einer Autobiografie

Unzählige Male hat Rosa Luxemburg mir das Versprechen zu entlocken versucht, meine Lebenserinnerungen niederzuschreiben. Alle meine Einwände, dass sie keinen Menschen interessieren würden und dass ich daher nie den Mut dazu aufbringen würde, bezeichnete sie als Kleinheitswahn und bekämpfte sie unermüdlich mit dem Argument: »Was willst Du? Wenn Du die Leser nur halb so sehr zu fesseln weißt, wie mich mit Deinen Erzählungen, so kannst Du zufrieden sein.« Und da sie wahrlich in literarischen Dingen nicht die erste Beste war, so fasste ich langsam Mut und trat ihrer Idee näher. Freilich dachten wir beide uns deren Ausführung anders. Nach unser beider Wunsch sollte die Arbeit eine gemeinsame werden, insofern als Rosa, die die Anregung dazu gegeben, ihr Werden liebevoll überwachte und mich Schritt für Schritt dabei stützen wollte. Wie oft trieb sie mich dazu, endlich anzufangen, denn für sie gab es nicht Hübscheres, als wenn wir auf unsern gemeinsamen Spaziergängen, Ausflügen und größeren Reisen uns in die Vergangenheit versenkten. Und in ihrem Wesen lag es, auch von dem, was für sie nach ernster Arbeit Lust und Spiel bedeutete, der Welt Kunde zu geben.

»Aus nichts schöpfen die Menschen so reiche Belehrung zugleich mit Menschenkenntnis, nichts macht ihnen so viel Vergnügen, als die Lebensschicksale anderer studieren zu können.« Die Lektüre von Biographien, besonders von Selbstbiographien, bildete eine ihrer größten Freuden. Die Übersetzung von Korolenkos Autobiographie, deren Schönheiten sie nicht müde wurde, in ihren Briefen zu rühmen, und in die sie förmlich verliebt war, half ihr über ungezählte einsame Kerkerstunden hinweg.

Immer wieder ermahnte sie mich, fleißig Biographien zu lesen und mich daran zu bilden, um einst selbst in die Reihen derer zu treten, die der Welt etwas zu sagen haben. Wenn ich jetzt den Mut dazu aufbringe, so treibt mich fast mehr noch als das Verlangen nach Mitteilung meiner Erlebnisse der Wunsch, das Vermächtnis meiner toten Freundin auszuführen und damit ihr geheiligtes Andenken zu ehren.

Ich bin im August 1864 in Wien »auf der Wieden«, wie der IV. Stadtbezirk im Volksmund heißt, geboren. Mein Geburtshaus war eines jener nur zweistöckigen schönen alten Wiener Häuser mit dicken Mauern und gewölbten Zimmern, wie sie sich in entlegenen Vorstädten heute noch vereinzelt finden. Durch ein breites zweiflügliges Tor gelangte man in einen riesigen Hof, den das Hauptgebäude umschloss und in dessen vier Ecken sich die vier Treppenaufgänge befanden. Durch ein zweites, ebenso breites Einfahrtstor ging es in einen zweiten Hof, dessen Abschluss ein wundervoller parkartiger Garten bildete. Diese Höfe waren für uns Kinder des Hauses das Paradies, das uns umso begehrenswerter erschien, als der Aufenthalt darin verboten war. Wie jedoch die meisten Verbote nur dazu erlassen sind, um umgangen zu werden, so war es auch in diesem Fall. Weder die von uns sehr gefürchtete Hausbesitzerin, eine alte, adelsstolze Dame, die auf ihren Krückstock gestützt zu den uns ungelegensten Zeiten aus versteckten Gängen oder Kellerwinkeln wie die leibhaftige Hexe im Märchen aufzutauchen pflegte und vor deren drohend geschwungenem Stock wir schleunigst Reißaus nahmen, noch die mit Stentorstimme gebrüllten Drohungen unseres Hausmeisters, dem seine Ehehälfte gellend sekundierte und der uns die ärgsten Höllenstrafen in Aussicht stellte, wenn wir uns, verstärkt durch seine eigenen sieben Rangen, jemals wieder auf dem Hofe blicken ließen, vermochten uns davon abzuhalten, immer und immer wieder den Schauplatz unserer kindlichen Spiele nach den geliebten Höfen zu verlegen. Denn war schon der vordere

Hof etwas ganz Herrliches, so war der hintere Hof, wie wir ihn nannten, für uns einfach die Insel der Seligen. Bot uns schon der erste Hof stete Abwechslung, weil nicht nur immer viele Lastwagen und Fuhrleute kamen und gingen, sondern auch die Arbeiterinnen der großen im Hause befindlichen Korkstoppelfabrik[1] sich an ihren großen Sortiertischen im Freien aufhielten und für uns Kinder immer ein freundliches Wort und einen heiteren Scherz übrig hatten, und weil in einer Ecke des Hofs sich ein Milchverkauf befand, mit dessen Kunden wir gute Freundschaft hielten, während wir in der andern Ecke die höchst interessanten Vorgänge in einer Strohhutbleicherei beobachten konnten, so waren diese Genüsse doch alle nichts gegen die Freuden des »hinteren Hofes«. Dort wuchs Gras, dort waren Mäuerchen mit Stufen und Nischen, dort war, o höchstes Entzücken, ein großer Pumpbrunnen, aus dem zu schöpfen wir nie müde wurden, dort spendeten uns die alten Bäume über den Zaun hinweg ihren Schatten, dort war — was kann es herrlicheres für ein Stadtkind geben? — der große Kuhstall des Milchhändlers, mit dessen schönen Töchtern und dessen Schweizern wir auf gutem Fuße standen und für den wir uns immer etwas zu tun machten, um unsere Daseinsberechtigung zu erweisen. Denn wenn wir auch im hintern Hofe den Augen der verschiedenen Cerberusse des Vorderhofes, zu denen sich unsere sehr energische und mundfertige Kindsfrau gesellte, etwas entzogen waren, so wussten wir doch, dass jede Minute uns die Vertreibung aus dem Paradies bringen konnte, und wollten uns dagegen schützen, indem wir unsere Unentbehrlichkeit durch kleine Handlangungen bewiesen; wir schleppten Wasser in den Stall, halfen Milchkübel reinigen, Heu abladen, machten uns bei den Pfer-

1 Der Zufall will es, dass Adelheid Popp, die Führerin der österreichischen Arbeiterinnenbewegung, in ihren Lebenserinnerungen hierauf zu sprechen kommt, dass sie als junges Mädchen einige Jahre in dieser selben Korkenfabrik des Herrn Robert Pecker arbeitete.

den zu schaffen, kurz, kamen uns dabei ungemein wichtig vor, umso wichtiger und glücklicher, als über all diesem Tun und Treiben der Hauch des Verbotenen und daher etwas Geheimnisvollen lag.

Mehrere Jahre meiner frühen Kindheit, allerdings nur in der guten Jahreszeit, konnten wir uns unseres höfischen Zeitvertreibs erfreuen, doch reicht meine Erinnerung weiter zurück bis in das Alter von zwei Jahren. Und zwar sind mir manche Szenen aus dem Kriegsjahr 1866 im Gedächtnis geblieben. Man hatte uns Kinder – einen 1863 geborenen Jungen, mich und ein ganz kleines Brüderchen – mit einer alten Kindsfrau über den Sommer in die Nähe Wiens aufs Dorf geschickt und der Bauer, bei dem wir wohnten, hatte sächsische Einquartierung bekommen. Das war nun für uns Kleinen ein Hauptspaß. Den ganzen Tag trieben wir uns zwischen den Mannschaften und Pferden umher, die ihre helle Freude an den zwei lebhaften Gören hatten, uns auf die Pferde setzten, mit ihren Mordwerkzeugen spielen, in ihre Trompeten tuten und auf ihre Trommeln schlagen ließen, kurz auf alle Weise Allotria mit uns trieben, so dass uns bald die innigste Freundschaft mit diesen fremden Eroberern verband und das Scheiden von ihnen uns großes Herzeleid verursachte. So stark waren die Eindrücke dieser Zeit auf die nur Zweijährige, dass ich noch heute nur die Augen zu schließen brauche, um die ganze lebhafte Szenerie vor mir zu sehen: die freundlichen, meist blondköpfigen Soldaten, die mit allen möglichen Hantierungen beschäftigt waren, die Pferde im Hofe und im Torbogen, die beiseite gestellten blitzenden Gewehre, die dampfenden großen Speisenkessel; dass ich noch heute die sächsischen Laute der Soldaten vernehme, die mein Brüderchen »eenen butz'chen Jungen« nannten, noch heute den Zapfenstreich höre, der die kleine Schläferin aus ihrem ersten Schlaf weckte.

Dem Kriegssommer von 1866 folgten noch einige in der schönen Umgebung von Wien verbrachte. Der Frühling des Jahres 1868 brachte eine für uns

Kinder ungemein wichtige Veränderung in Gestalt einer neuen Kinderfrau. Eine Schmiedstochter war sie, wegen irgendwelcher Familienzwistigkeiten aus ihrer oberösterreichischen Kleinstadt zum ersten Mal nach Wien gekommen, um Stellung zu suchen, und der Zufall führte sie in unser Haus, in dem sie sich in ganz kurzer Zeit eine alles beherrschende Stellung zu schaffen wusste. Trotzdem sie sich als Provinzlerin in unserm etwa dreißig Köpfe zählenden großstädtischen Haushalt anfangs recht einsam und verloren gefühlt haben mochte, trotzdem die städtische Gottlosigkeit der bis zur Bigotterie gläubigen Katholikin ein Gräuel gewesen sein muss, trotzdem das städtische Milieu an die vom Lande kommende die größten Anforderungen stellte, überwand ihre zähe Energie und ihre Intelligenz in kürzester Zeit alle diese Schwierigkeiten. Für uns Kinder war der Tag ihres Eintritts in unser Haus ein Glückstag. Meisterhaft verstand sie es, den Eifer, das Pflichtbewusstsein, den Wissensdurst, die Arbeitsfreude, die sie selbst beseelten, uns mitzuteilen, uns zu unermüdlichem Fleiß anzuspornen, uns beizubringen, dass jede Art der Arbeit eine Lust sei. Spielend brachte sie uns alles bei, so dass ich noch vor Vollendung meines vierten Lebensjahres lesen konnte und nicht müde wurde, von meiner neuen Wissenschaft Gebrauch zu machen. Sie war die geborene Pädagogin.

Novemberrevolution

Im Haupttelegrafenamt

Im Sybillenverlag in Dresden ist 1927 ein Buch erschienen, als dessen Verfasser ein Herr Bruno MANUEL zeichnet. Den Titel **Nackte Tatsachen** entnimmt er jenem launigen Ausspruch, den Adolph Hoffmann einmal getan, als er nach einer feurigen Rede der bekannten Kommunistin Ruth Fischer (den Wienern noch bekannter unter dem Namen Elfriede Friedländer) zu Worte kommen sollte. Ruth Fischer hatte wie gewöhnlich nicht nur ihre Gesinnung, sondern auch einige ihrer Reize schonungslos enthüllt, denn in der Hitze des Gefechts war ihr die lose Zunge aus- und die lose Bluse weit über die Schulter herabgerutscht. Worauf sich Adolph Hoffmann unter dem verständnisvollen Beifall der Versammlung auf die trockene Erklärung beschränkte: »Diesen nackten Tatsachen habe ich nichts Gleichwertiges entgegenzusetzen.«

Als Motto benützt der Verfasser einen Ausspruch von Kerr: »Die Kunstform der Zukunft heißt: Anekdote (für die nächsten zwei Jahrtausende todsicher).« Und der Untertitel des Buches lautet: Anekdoten aus einer jungen Republik. Kleine Geschichten von großen Männern.

Da mich dieser Untertitel lockte, so nahm ich mit einiger Spannung das Buch zur Hand. Wie erstaunte ich, als ich entdeckte, dass der erste große »Mann«, den Herr Manuel beim Wickel hat, meine Wenigkeit ist. Wahrlich, in meinen kühnsten Träumen hatte ich nie gewagt, mich den großen Männern zuzuzählen! Die Anekdote, die er von mir zum Besten gibt, lautet folgendermaßen:

> »Endlich kam die Revolution. Auf Filzpantoffeln ... aber immerhin. Berlin sah Panzerautos, Matrosen, rote Fahnen und verlor sein Herz in Heidelberg. Beim ersten Schreckschuss wollte ein ungarischer Journalist die

Neuheit seinem Blatte melden. Er nahm den Hörer und verlangte: Budapest! Das Fernamt, schon revolutionär gerötet, rief: ›Auf Befehl des Arbeiter- und Soldatenrats! Die Verbindung wird nicht hergestellt!‹
Der neue Ton peitschte den Ungarn auf das Haupttelegrafenamt, Budapest kämpfend zu erobern. Wer war hier erblickt: Der Arbeiter- und Soldatenrat! Heißen Herzens verlangte der Journalist den Obersten der Räte zu sprechen. Und wurde vorgelassen.
Wem war dieses revolutionäre Amt übertragen? Kautskys *besserer Hälfte*! Frau Kautsky stempelte emsig Briefe. Und dieweil sie stempelte, telephonierte sie, den Hörer zwischen Ohr und Schulter: ›Also Martha – Martha! Sind Sie noch dort? Hör'n Sie ma! Das Fleisch müssen Sie braten. Nicht kochen. Braten! Vastehn Sie? Weil es schneller geht ... Martha! Is der Junge da? ... Ja, soll 'rankommen ... Bist du's? Hör ma, Junge ... Nein, ich komme nich ... Entsetzlich viel ... Na ja ...‹«

Selten hab' ich noch so gelacht, als beim Lesen dieser Zeilen, die von dem Rechte der Anekdote, wenn auch nicht ganz wahr, so doch mehr oder weniger gut erfunden zu sein, ausgiebigsten und wie ich gleich zeigen werde, unverschämtesten Gebrauch machen.

Denn *erstens* gab's im Haupttelegraphenamt immer nur Telegramme, niemals Briefe zu stempeln. *Zweitens* hat mich in den vielen Jahren meines Berliner Aufenthalts wohl keiner meiner zahlreichen Bekannten je ein Wort Berlinerisch sprechen hören, denn mein wienerischer Schnabel war für diese Laute nicht richtig gewachsen. *Drittens* hatte mich meine getreue Schwäbin, die auf den gut bayerischen Namen Zenzi hörte, wohl kaum verstanden, wenn ich sie norddeutsch mit Martha apostrophiert hätte.Und *viertens* endlich saß »der Junge«, nach dem ich gefragt haben sollte, neben mir, so dass ich ihn nicht an das Telefon zu rufen brauchte.

Man sieht also: soviel Zeilen, soviel anekdotische »Irrtümer«. Aber der Kern der Sache ist doch wahr und richtig, und da sich ein Stück Revolutionsgeschichte darin birgt, so werden sich vielleicht auch die Genossen dafür interessieren.

Es war am 9. November 1918, als in den Wandelgängen des deutschen Reichstagsgebäudes, wo alles, was am politischen Leben fiebernd Anteil nahm, versammelt war, eine erregte Stimme nach sprachkundigen Genossen rief.

Nur allzu froh, meine Kräfte zur Verfügung stellen zu können, um in dieser heißen Zeit nicht tatenlos zu stehen, hielt ich sofort den Rufer an, der sich mir als ein Genosse Münster vorstellte und mir in fliegender Eile mitteilte, dass im Haupttelegrafenamt zuverlässige Genossen unumgänglich nötig wären, die wenigstens Französisch und Englisch sprächen, sollte dieser eminent wichtige Posten nicht den Reaktionären in die Hände fallen.

Es hätten sich schon viele Genossen dort eingefunden, aber keiner von ihnen beherrsche die fremden Sprachen und das sei in diesem Falle unbedingt nötig, wo es gelte, alle aus dem Ausland kommenden und ins Ausland hinausgehenden Nachrichten zu überwachen. Freudig erbot ich mich zu dieser Arbeit, überglücklich, meine Sprachkenntnisse verwerten zu können im Dienste der Revolution, und wurde auch sogleich mit meinen ältesten Sohn auf ein Lastauto verstaut, das übervoll von waffenstarrenden Soldaten war, dass wir kaum Fuß fassen konnten und mehr in der Luft schwebten und hingen, als standen.

Am Ziel angelangt, führte uns Genosse Münster in den Raum, in dem während des ganzen Krieges und bis zum Morgen des 9. November die allmächtige Zensurbehörde gewaltet hatte und wo nun die etwa fünfzig Herren – fast lauter aktive Reserveoffiziere – tat- und ratlos herumstanden, ganz verdutzt und unwillig darüber, dass ihnen die Ereignisse den Zensorstift so ohne viel Federlesens aus der Hand geschlagen hatten.

Sie umdrängten mich und wollten durchaus ihres Amtes weiter walten. Aber eine große Anzahl von Genossen, die sich schon ganz häuslich dort niedergelassen hatte, bedeutete mir, mit den Herren kurzen Prozess zu machen, und mich in keine weiteren Erörterungen mit ihnen einzulassen.

Der Kreis dieser Genossen bestand hauptsächlich aus USPD-Leuten (Unabhängigen) und Spartakusanhängern, aber auch einige Mehrheitssozialdemokraten saßen einträchtig mit ihnen beisammen.

Mein Führer, der Genosse Münster, den ich übrigens an diesem denkwürdigen Tage zum ersten und zum letzten Mal erblickte, zählte sich wohl zu den Spartakisten, bei denen er auf mancherlei schicksalsreichen Zickzackwegen gelandet war. Ich verlor ihn später ganz aus den Augen; meines Wissens ist er von der kommunistischen Flut weggeschwemmt worden.

Alle anwesenden Genossen bildeten nun den Arbeiter- und Soldatenrat des Berliner Haupttelegrafenamtes und ich wurde mit Jubel von ihnen empfangen, als sie von meiner Absicht hörten, mit ihnen dort zu arbeiten, ja, sie betrauten mich zu meiner Verblüffung sogleich mit der Leitung der Geschäfte. Da die Postler mit uns sympathisierten, so hatten sie die bisher dort beschäftigten und ihnen als Herren aufgezwungenen Offiziere im Nu und mit Wonne ausgeschaltet.

Mit einer mich in Erstaunen versetzenden Selbstverständlichkeit lieferten mir die Beamten das gesamte Material an einlaufenden und abzufertigenden Telegrammen ab. Fast fühlte ich mich beschämt durch so viel Vertrauen und bedrückt durch die mir so unversehens übertragene Verantwortung. Aber da gab es kein Besinnen und kein Zögern, da galt es mutig zuzufassen. Denn die Fülle der Arbeit war gewaltig. Hatte man mir doch auch vom ersten Augenblick an die Hörer der Auslandstelefone übergeben, die von der Zensur dazu eingerichtet waren, dass ein Beamter jedes von den Berliner Korrespondenten der großen ausländischen Blätter geführte Gespräch mithören konnte.

Emsig beschäftigt, die Fülle der Depeschen zu sichten, deren Inhalt oft fabelhaft interessant war, wurde ich dabei jeden Augenblick durch die angstvoll erregten Anrufe aus allen Teilen und Städten Deutschlands, besonders aus dem Rheinland gestört. Überallhin waren schon wilde Gerüchte von den Vorgängen in Berlin gedrungen, und jedermann – vor allem natürlich unsere Genossen – wollte Gewissheit darüber haben, was eigentlich geschehen sei. Diese schrillen Fernrufe trugen nicht wenig zur Erholung des Fiebers bei, unter dem sich die Arbeit jener Tage abwickelte.

War es doch zuerst keine leichte Aufgabe für eine des Telefonierens Ungeübte, die Frager kurz zu informieren, und war mir doch anfangs die x-mal wiederholte schwerfällige Formel: »Hier Arbeiter- und Soldatenrat, Haupttelegrafenamt Berlin« noch so neu und ungewohnt, dass sie mir nur mühsam und holprig über die Lippen ging. Aber das dauerte nur ein paar Stunden, und dann hatte man sich durch die aufgezwungene automatische Wiederholung des Berichtes bald daran gewöhnt, das, was einem selbst vor einigen Stunden unfassbar und unglaubhaft erschienen war, den Anfragern als etwas Selbstverständliches mitzuteilen.

Erleichtert wurde mir meine Tätigkeit nicht nur durch das Entgegenkommen aller mitarbeitenden Genossen und aller dort beschäftigten Beamten und Beamtinnen, sondern auch durch die ausnehmende Artigkeit der Berichterstatter der auswärtigen Blätter, die alle oder doch fast alle gekommen waren, um sich persönlich vorzustellen, und die sich ausnahmslos mit Grazie und Humor in die veränderte Situation schickten. Einige von ihnen kannte ich schon von früher, ihre Namen sind mir allerdings entfallen bis auf einen, mit dem mich heute noch ein freundschaftliches Band verknüpft. Es ist der Holländer Marcus van Blankenstein, der Korrespondent des ***Nieuwe Rotterdamse Courant***, ein Journalist von Weltruf, der uns in der Gesinnung sehr nahesteht und den ich im Hause »Courant« holländischer Genossen wiederholt getroffen hatte.

Sie alle stellten sich, wie gesagt, ohne weiteres auf den Boden der Tatsachen und lieferten mir gutmütig zur Einsichtnahme ihre Telegramme aus, die anständig und ohne Übertreibung von den Ereignissen berichteten. Meines Erinnerns hatte ich in der ganzen Fülle nur eine einzige Tatarennachricht zu beanstanden, die besagte, dass in Berlin die revolutionären Arbeiter Unter den Linden mit Flammenwerfern und Tanks hantierten und schon ganze Straßenzüge in Trümmer gelegt hatten ...

Wie sich allerdings der phantasievolle Budapester Reporter verhielt, der in der oben abgedruckten Anekdote eine Rolle spielt, kann ich mich beim besten Willen nicht erinnern. Mag schon sein, dass er seinen Stolz darin setzte, der neuen Gewalt ein Schnippchen zu schlagen, was ich damals wohl kaum bemerkt haben dürfte und was wir heute nach allem, was wir in Ungarn erlebten und noch erleben müssen, sehr begreiflich erschiene.

Wie dem aber auch sei, selbst wenn er und sein witzig sein wollender Interpret, Herr Bruno Manuel, von der dichterischen Freiheit, sich nicht streng an die Wahrheit zu halten, einen etwas ausgiebigen Gebrauch gemacht hätten, so bin ich ihnen darob doch nicht im Geringsten gram. Im Gegenteil. Haben mir doch ihre kleinen Bosheiten – oder sind es mehr Lausbübereien? – eine halbvergessene Episode aus meinem Leben wieder ins Gedächtnis zurückgerufen, die weder zu den uninteressanten gehört, noch deren ich mich irgendwie zu schämen brauche.

Für mich liegt über diesem Erlebnis der ganze Schimmer einer Revolutionsromantik, die nur allzu rasch verblassen sollte. Und träumten wir doch alle damals revolutionäre Blütenträume, ohne zu ahnen, wie bald wieder der Rauhreif der Reaktion ihnen ein Ende machen sollte.

Zehn heiße Tage hat meine fieberhafte Tätigkeit im Berliner Haupttelegrafenamt gedauert und zehn schlaflose Nächte habe ich dort verbracht, denn Aufregung und Verantwortungsgefühl ließen mich auf dem Soldatenfeldbett, das freundliche Genossen mir hingestellt, doch keine Ruhe finden.

Nach zehn Tagen erforderte die geänderte politische Situation neue Maßnahmen, es musste ein Stab von geschulten Beamten aufgeboten werden, die die nach dem Umsturz sofort einsetzende Geldflucht zu überwachen und, wenn möglich, zu verhindern hatten, und meiner weiteren Hilfe bedurfte es nicht mehr.

Ich schied aus dem Haupttelegrafenamt um so leichter, als eine neue Aufgabe mir winkte. Denn mein Mann war inzwischen zum beigeordneten Staatssekretär im Auswärtigen Amt bestimmt worden, und zum Schrecken vieler dort amtierender verstaubter Perücken zog ich mit ihm in die Wilhelmstraße als seine Sekretärin ein. Und auch dort gab es hochinteressante und äußerst wichtige Arbeit in Hülle und Fülle, besonders als die Archive ihre sorgfältig gehüteten, geheimen Schätze unseren profanen Augen preisgeben mussten, nachdem der Schlüssel der Revolution die dreifach gepanzerten Türen und die dreifach versicherten Schlösser diese Heiligtümer der Diplomatie geöffnet hatte.

Das Resultat dieser Arbeit, mit der die Volksbeauftragten meinen Mann betraut hatten, hat welthistorische Bedeutung erlangt: Es ist die große Publikation der diplomatischen Geheimakten, aus denen die Welt erfuhr, welches die treibenden Kräfte waren, die den Weltkrieg entfesselt hatten.

Deutschland hat den Ruhm, das erste Land zu sein, wo durch Sozialisten dies Werk der Aufklärung unternommen und durchgeführt wurde, und mein bescheidenes Teil dazu beigetragen zu haben, wird allen kindichen Spöttern zum Trotz immer mein Stolz sein.

Meine Rolle im Auswärtigen Amt

Fast die gesamte bürgerliche Presse tut mir seit einigen Tagen die Ehre an, sich mit meiner Person zu beschäftigen.

Den Reigen eröffnete der ***Lokalanzeiger***, der nun, wo die hohen, höchsten und allerhöchsten Herrschaften Knall und Fall von der Bildfläche verschwunden sind, sich um seine gewohnte Aufgabe gebracht sieht, seine nach Sensationen hungrigen Leser mit all dem Klatsch und Tratsch zu bedienen, den er sich bisher aus Salons und Schlafzimmern, aus Küchen und Kellern der oberen Zehntausend holte. Nun muss er, der Ärmste und seinesgleichen, sich mit gruseligen Märchen über die Sozialdemokraten begnügen. Schon der Umstand, dass mich die Revolutionsregierung mit der Überwachung der politischen Zensur im Haupttelegrafenamt betraute, erregte allgemein gelindes Entsetzen. Als ich aber gar als Sekretärin und Helferin meines Mannes mit in das Auswärtige Amt einzog, kriegten die Herrschaften geradezu Krämpfe. Sämtliche Perücken wackeln. Eine Frau in diesen geheiligten Räumen – oh Schrecken –. Alle möglichen »Eigenmächtigkeiten« und Übergriffe und Verstöße gegen den heiligen Bürokratius werden mir nachgesagt.

Der Tatbestand ist kurz folgender: Ich tue im Auswärtigen Amt nichts anderes, als was ich seit nun fast 30 Jahren gewohnt bin, nämlich die Korrespondenz meines Mannes zu erledigen, soweit sie nicht theoretische Fragen betrifft, alle die vielen Personen zu empfangen, deren Wünsche ich vermöge meiner Vertrautheit mit den Verhältnissen und Persönlichkeiten der Partei und der Internationale zu erfüllen imstande bin, für ihn den ganzen Kleinkram zu besorgen, den ein so umfangreichen bürokratischer Apparat mit sich bringt, was ihn von seiner anstrengenden geistigen Tätigkeit ablenken könnte, und zwar tue ich dies alles wie früher auch jetzt ohne jede Besoldung, was ich besonders betone, um den geflissentlich verbreiteten gehässigen Lügen über sozialdemokratische Vetternwirtschaft die Spitze abzubrechen.

Germania, ***Lokalanzeiger*** und Konsorten müssen sich schon mit der Tatsache abfinden, dass es nun ein für allemal mit dem alten Spruch ein Ende hat: Mulier taceat in ecclesia (Die Frau hat in der Kirche zu schweigen). Wir stehen im Zeichen des Frauenwahlrechts und die Herrschaften werden bald das Schauspiel erleben, eine ganze Schar von tüchtigen, selbständig arbeitenden Frauen in die Nationalversammlung einziehen zu sehen.

Reisen und Begegnungen

Mai-Erinnerungen

Die Maifeier dieses Jahres [1923] wird endlich wieder von einer Internationale begangen werden, deren Einigung, längst innerlich vorbereitet, sich demnächst voraussichtlich auch äußerlich vollziehen wird. Sie erweckt Erinnerungen an Maifeiern früherer Jahre und mancherlei internationale Begebenheiten in vergangenen Zeiten.

Es war in Wien im Jahre 1890. Das Proletariat der ganzen Welt schickte sich an, den Beschluss des Pariser Kongresses von 1889, demzufolge der 1. Mai zum Weltfeiertag proklamiert war, in die Tat umzusetzen. Ich war dieser Zeit mit Karl Kautsky verlobt, und wir mussten vor unserer Verheiratung einige Freunde und Verwandte aus bürgerlichen Kreisen aufsuchen, um sie von unserer Absicht, demnächst Wien zu verlassen, in Kenntnis zu setzen und von ihnen Abschied zu nehmen. Das war in der zweiten Aprilhälfte. Und da machten wir die uns sehr belustigende Erfahrung, wie alle die guten Leutchen von der nahe bevorstehenden Maifeier aufs Höchste beunruhigt und erregt waren. Überall bildete sie fast das einzige Gesprächsthema, die abenteuerlichsten Gerüchte schwirrten, man erwartete Mord und Totschlag, oder doch zum mindesten Raub und Einbruch, und unsere Vettern aus der Kaufmannschaft ließen ihre Türen und Läden versichern mit Schlössern und Riegeln und Eisenverkleidungen, ja, einer von ihnen – ein reicher Großhändler – wandte sich mit der flehentlichen Bitte an Karl, bei der sozialdemokratischen Parteileitung, bei der er doch solchen Einfluss hätte, dahin zu wirken, dass man ihm eine aus zuverlässigen Genossen bestehende Wache vor seine Geschäftsräume stelle. Wir waren zugleich belustigt und erstaunt darüber, wie tragisch die Bourgeoisie uns nahm, und manchmal denken wir noch an jene Tage zurück, denen die heutigen so gar nicht mehr gleichen wollen.

Mein Lebensweg führte mich dann nach Stuttgart, wo die Maifeiern jahrelang in der sich allmählich einbürgernden Weise eines freudigen Familienfestes abgehalten wurden. In die Zeit unseres Stuttgarter Aufenthalts fällt der Züricher Internationale Kongress von 1893, der einen Ehrenplatz in meinem Gedächtnis einnimmt, denn schöne und unvergessliche Tage waren mir, der lernbegierigen Novizin, dort beschieden. Verschaffte er mir doch die nähere Bekanntschaft mit einer großen Anzahl von Persönlichkeiten aus unserer Bewegung, deren Namen bisher nur ehrfurchtgebietend an mein Ohr geschlagen, allen voran Friedrich Engels, der damals noch lebensprühend und in voller Kraft vor uns stand. Er wie so viele andere, die ich dort sah, sind nicht mehr am Leben und gehören heute nur mehr der Geschichte der Arbeiterbewegung an, so von deutschen Genossen unsere unvergesslichen August Bebel, Auer, Wurm, der alte Liebknecht, Singer; von den Schweizern der treue Manz, ein Deutscher, der es in Zürich zu manchen Ehren und Würden gebracht hat und der der letzte verantwortliche Redakteur der Berliner ***Freien Presse*** vor ihrer Vernichtung durch das Sozialistengesetz war; dann von den Österreichern unser geliebter Viktor Adler und Franz Schuhmeier, den die meuchlerische Kugel eines fanatisierten Christlich-Sozialen fällte; aus Italien der geistvolle Antonio Labriola, der erste marxistische Universitätsprofessor in Rom; aus England die jüngste von Marx' Töchtern, Tussy Marx-Aveling, und der alte Leßner, der Marx' Hosen geschneidert hatte, aber nicht gerade als Schneider hervorragend war, sondern mehr als braver Kämpfer für unsere Sache – hatte er doch als Mitglied des Kommunistenbundes eine lange Festungshaft zu erdulden gehabt und war als leitendes Mitglied der Ersten Internationale zu Bedeutung gelangt; aus Dänemark der prächtige Knudsen, nachmaliger Bürgermeister von Kopenhagen; aus Rumänien Dobrogeanu-Gherea, einer der charaktervollsten Marxisten und liebenswürdigsten Genossen, der zuerst in Russland wirkte und später der Vorkämpfer des rumänischen Sozialismus wurde; dann Plechanow, der große theoretische Kopf der Russen, und seine Freundin Wera Sassulitsch[1] – sie alle sind dahingegangen in jenes Land, von des Bezirk kein Wanderer wiederkehrt. Aber viele, die ich dort kennenlernte, sind noch am Leben und wirken noch in unseren Reihen, so z. B. Adelheid Popp, damals noch »Fräulein« Dworschak, von deren »wienerischem Liebreiz« Engels in einem eben durch Gustav Mayer veröffentlichten launigen Brief aus Zürich an seinen Bruder jünglingshaft schwärmt; so Anna Kulischoff, die Lebensgefährtin unseres führenden italienischen Genossen Filippo Turati; so der Veteran der russischen Sozialdemokratie Paul Axelrod, so der alte Greulich, der Senior der Schweizer Genossen, der noch heute trotz seiner 80 Jahre mit jugendlichem Feuer für unsere Ideen kämpft, der kluge Züricher Otto Lang, ein seiner juristischer Kopf, der Belgier Vandervelde – sie und noch viele, viele, die ich dort kennenlernte, stehen heute noch in Reih und Glied und sind ihrem Jugendideal, der roten Fahne treu geblieben.

Aus der Zeit des Kongresses erinnere ich mich einer hübschen Episode, deren Schauplatz der Züricher See war. Gelegentlich eines Ausfluges waren die Kongressteilnehmer in verschiedenen Booten nach Pfäffikon gerudert,

1 Wera Sassulitsch ist jene kühne, mutige Kämpferin, die 1879 in Petersburg ein Revolverattentat auf den Polizeimeister Trepoff verübt hatte aus edler Empörung darüber, dass er einen ihr gänzlich unbekannten jungen Studenten im Gefängnis hatte körperlich züchtigen lassen. Das Attentat missglückte insofern, als Trepoff nur verwundet wurde, aber Wera Sassulitsch feierte dennoch einen ungeheuren Triumph: das Gericht, gleich ihr entrüstet über Trepoffs Bestialität, sprach sie frei, und als man sie nach der Verhandlung auf der Straße verhaften wollte, verhinderte das Volk ihre Festnahme, und es gelang ihr, ins Ausland zu fliehen. Obgleich zur Zeit der Verübung der Tat noch ganz unpolitisch, fand sie nachher bald den Weg zum sozialistischen denken, und im Verein mit Axelrod, Plechanow und Leo Deutsch begründete sie die »Gruppe für die Befreiung der Arbeit«, die die Vorläuferin der russischen sozialdemokratischen Partei war. Lange lebte sie im Exil in der Schweiz; während der ersten russischen Revolution kam sie nach Russland zurück und starb dort nicht lange nach dem Beginn der zweiten Revolution.

und das Schiffchen, in dem Engels Platz genommen hatte, war naturgemäß das meist umworbene der ganzen Flottille. Die Veranstalter der Lustfahrt hatten Angst, dass das viele Reden den alten Engels allzusehr anstrengen würde. Als man daher bemerkte, dass Antonio Labriola, der feurige, unermüdlich plaudernde Südländer, sich in Engels' Boot gedrängt hatte, winkte man mich als eine italienisch sprechende Genossin herbei und setzte mich schleunigst neben ihn, damit ich als Blitzableiter dienen sollte, denn man wusste, dass Labriola, obgleich er gut deutsch las und leidlich deutsch sprach, doch sich lieber seines geliebten Italienisch bedienen würde, wenn er lebhaft wurde; und siehe da, die List gelang: Engels wurde geschont und ich unterhielt mich vorzüglich mit Labriola, mit dem mich von dieser Stunde an bis zu seinem Tod eine herzliche Freundschaft und eine angeregte Korrespondenz verband.

Den 1. Mai 1896 verlebte ich in Wien, und einen denkwürdigen Tag bedeutet er in der Geschichte der österreichischen Arbeiterbewegung und in meiner Erinnerung. Viel besser als die meisten Genossen anderer Länder hatten die Wiener es verstanden, die Feier des 1. Mai aufs Eindrucksvollste zu gestalten zu einem Tag der völligen Arbeitsruhe, zu einem Tag der Muße und der Erholung, zu einem Fest der Selbstbestimmung, der Freiheit, der Erhebung.

Von altersher war es ein Wiener Brauch gewesen, dass der Hof, die hohe Aristokratie und die reiche Bourgeoisie am 1. Mai in den Prater, dem Lieblingsort der Wiener, der etwa dem Berliner Tiergarten in bedeutend vergrößertem Maßstab entspricht, gefahren, geritten, gewandert war, um dort den Frühlingsanfang zu begrüßen. Man hatte stets gewetteifert, bei diesem Anlass den höchsten Prunk zu entfalten, unerhörter Luxus in Equipagen und Toiletten war getrieben worden, in der sogenannten Hauptallee folgte Karosse auf Karosse, in dichten Reihen drängte sich das schaulustige Publikum, um die Fahrenden und Reitenden zu begrüßen, zu bewundern, zu bekritteln.

Das war nun mit einem Schlag anders geworden, seit die Arbeiterscharen am 1. Mai von dem Prater Besitz genommen hatten. Zur größeren Beliebtheit und Popularität in bürgerlichen Kreisen trug dieser Umstand gewiss nicht bei, denn bekanntlich »verzeihen es die Wiener nie, wenn man um ein Spektakel sie betrogen«. Aber am 1. Mai 1896 kamen noch andere Gründe hinzu, eine feindselige Atmosphäre gegen die demonstrierenden Massen zu schaffen. Tobte doch damals ein heißer Wahlrechtskampf, in dem das Ministerium Badeni kein Mittel scheute, dem verhassten Gegner eins auszuwischen. So bot denn auch die Maifeier eine willkommene Gelegenheit, gegen die Arbeiterpartei vorzugehen, um so mehr, als es durch einen unglückseligen Zwischenfall zuerst zu einem Wortwechsel zwischen Wachorganen und unorganisierten Feiernden und nachher zu Beschimpfungen und Tätlichkeiten, wie Steinwürfen gegen die Polizei usw. kam.

Im Nu rückte nicht nur Polizei zu Fuß und zu Pferde aus und gefährdete mit dem Säbel und mit den Hufen der Rosse das zahlreiche Publikum, sondern es wurde sogar Kavallerie aufgeboten, die schonungslos die Prateralleen »räumte«, alles niederreitend, was sich ihr in den Weg stellte. Auch Infanterie marschierte auf und lud ihre Gewehre.

Ich höre noch heute die Gewehrhähne knacken und sehe noch jetzt deutlich die strammen Gestalten der Soldaten vor mir – es war eine Truppe von Bosniaken –, riesige Kerle, die den Wienern und denen die Wiener fremd waren; war es doch von jeher die Taktik der Herrschenden gewesen, zur Unterdrückung von Arbeiterunruhen solches Soldatenmaterial zu verwenden, das der Landessprache nicht mächtig war, so dass jede Verständigung zwischen Militär und Arbeitern von vornherein ausgeschlossen war.

Bei der großen Ausdehnung des Praters hatten die Genossen in den weiter abliegenden Gasthäusern, in denen immer einzelne Branchen versammelt waren, noch gar keine Ahnung von den Vorkommnissen, als sie sich plötzlich in der rohesten Weise bedroht sahen. Eine ungeheure Erbitterung bemächtigte sich der friedlich demonstrierenden Massen, und als gar noch die Kunde von der Verhaftung Viktor Adlers und Pernerstorfers wie ein Lauffeuer sich verbreitete, kam es zu bösen Zusammenstößen, die zu zahlreichen Festnahmen führten. Bei 47 Verurteilungen verhängte nachher das Gericht 24 Jahre 11½ Monate schweren und einfachen Kerkers und Arrests.

Die Kunde von Adlers und Pernerstorfers Verhaftung hatte sich nicht bestätigt. Mir aber wird es immer im Gedächtnis bleiben, wie der junge Sohn Adlers, der damals 17jährige Friedrich Adler, an jenem Tage zum ersten Mal vor der Öffentlichkeit seine Flügel regte. Seine Augen leuchteten bei des Vaters mutigem Auftreten, und als seine jüngere Schwester bei der Nachricht von des Vaters Verhaftung in Wehklagen ausbrach, da rief er glühend voll heiligen Zorns: »Schweig, davon verstehst du nichts, das gehört sich so für unsern Vater!«

Der 1. Mai 1900 sah meinen Mann und mich in Paris, wo wir einer Sitzung des »Comité central« beiwohnten, in der ich zum ersten Mal den unvergesslichen Jaurès sprechen hörte. Auch Lafargue, Marx' Schwiegersohn, sowie Vaillant und Guesde, die Veteranen des französischen Sozialismus, und der allen deutschen Genossen wohlbekannte Bracke nahmen an dieser Sitzung teil.

Lafargue bewohnte mit seiner Gattin Laura ein sehr schönes Landhaus in der Nähe von Paris, in dem er uns gastlich aufnahm und wo wir zwar arbeitsreiche, denn es galt die Sichtung eines Teils von Marx' Nachlass, doch auch schöne und vergnügte Tage verlebten, denn unser Wirt war voll Heiterkeit und Lebensfreude. Er war einer der gebildetsten Literaten seiner Zeit und zusammen mit Jules Guesde der Begründer und einer der tatkräftigsten Propagandisten des wissenschaftlichen Sozialismus in Frankreich. Er und Jules Guesde haben im Jahr 1880 gemeinsam mit Marx das Programm der französischen Arbeiterpartei entworfen: der »Parti ouvrier français«.

Mit neun Jahren war er nach Frankreich gekommen und dann Student der Medizin geworden. Er gehörte der studentischen Opposition gegen das Zweite Kaiserreich an und wurde später aus Frankreich ausgewiesen. Er ging zur Vollendung seiner medizinischen Studien nach London, wohin er ein Empfehlungsschreiben an Marx mitbekam, das für seine Laufbahn und für sein ganzes weiteres Leben entscheidend werden sollte. Denn er wurde alsbald von der Wahrheit der Marxschen Lehre durchdrungen und aus dem ehemaligen Anhänger Proudhons wurde ein begeisterter Marxist. Die Ehe mit Marx' zweiter Tochter schuf dann noch ein festeres Band zwischen Meister und Jünger.

Wer hätte damals gedacht, dass Paul und Laura Lafargue ein so tragisches Ende nehmen würden? Im November 1911 fand man die beiden eines Morgens tot auf – freiwillig waren sie aus dem Leben geschieden, in vollster Kraft und Rüstigkeit. D. h. ob seine Frau ihm wirklich freiwillig folgte, ob er ihr das Gift reichte, ohne dass sie es wusste, das wird eine ewig unbeantwortete Frage bleiben. Erschütternd bleibt die Tatsache, dass zwei von den geliebten Töchtern von Karl Marx – war er doch ein überzärtlicher Vater – auf unnatürliche Weise ihr Leben lassen mussten, denn auch Eleanor Marx-Aveling, die Jüngste, eben jene »Tussy«, die ich vorhin erwähnte, ist freiwillig in den Tod gegangen.

Zur Zeit dieses unseres Pariser Aufenthalts fanden daselbst Gemeindewahlen statt, die zu sehr erbitterten Kämpfen und, wenn ich mich recht erinnere, zu einer Niederlage unserer Genossen führten.

Im Zusammenhang damit ist mir eine hübsche Episode erinnerlich. Wir waren mit Jaurès eines Abends bei wundervollem Mondenschein ins Bols de Boulogne gefahren. Jaurès, ein außerordentlicher Kenner und Verehrer der deutschen Dichtung, schwärmte wie ein Knabe, deklamierte und war entzückt, als ich ihm die folgenden Verse zitierte:

»Mondbeglänzte Zaubernacht,
Die den Sinn gefangen hält,
Wundervolle Märchenwelt,
Steig' auf in der alten Pracht.«

Er kannte die Verse ebenfalls, doch fiel uns beiden der Autor nicht gleich ein, was ihn sehr irritierte. Ich glaubte wohl, mich zu erinnern, dass sie von Tieck seien, aber bestimmt konnte ich es nicht behaupten. Am nächsten Abend, es war der des Wahltages, gingen wir in die Redaktion, der ***Petite Republique***, wo Jaurès mit seinen Mitarbeitern fieberhaft tätig war, wo die Boten einander auf den einzelnen Pariser Bezirken meldeten und wo die an solchen Tagen übliche Aufregung herrschte. Kaum aber hatte Jaurès uns erblickt, als er lebhaft aufsprang und uns glückstrahlend entgegenrief: »C'est de Huland!« So sprach er Uhland aus. Trotz der Wichtigkeit des Wahltages war ihm also unsere literarische Unterhaltung vom Abend vorher nicht entfallen und hatte ihn offenbar sehr beschäftigt. Ich musste herzlich lachen über seinen Eifer und über die ganze Situation. Nachher fand ich heraus, dass wir beide im Recht gewesen waren, und dass sowohl Tieck als Uhland an diesen Versen beteiligt waren. Leider vergaß ich, das Jaurès später mitzuteilen, es hätte ihn bestimmt lebhaft interessiert.

Ich sah ihn 1904 wieder beim Internationalen Kongress von Amsterdam, doch bestand damals wegen der Stellungnahme zu der Frage der Beteiligung von Sozialisten an bürgerlichen Ministerien und dem Eintritt Millerands ins Ministerium eine gewisse Spannung zwischen den Franzosen und den Deutschen, die sich in dem großen Rededuell zwischen Bebel und Jaurès zwar entlud, die es aber doch verhinderte, dass es zwischen uns zu ebenso harmlos geselligen Unterhaltungen kam wie 1900 in Paris. Und als ich Jaurès 1912 in Berlin wiedersah, da verdunkelten schon aufsteigende Gewitterwolken so sehr den politischen Horizont, dass wir beide des einstigen Ausflugs ins Bois de Boulogne und ins Gebiet der deutschen Romantik völlig vergaßen.

Schon vor dem Amsterdamer Kongress von 1904 verlebten mein Mann und ich im Jahre 1902 schöne Maientage in Holland, wohin uns unsere dortigen zahlreichen Freunde eingeladen hatten, und zwar über rein theoretische Fragen. Besonders aufmerksame Zuhörer hatte er dabei an den jüdischen Diamantenarbeitern in Amsterdam, die fast alle gut deutsch verstehen und, wie die meisten Juden, Sinn und hohes Interesse für die Theorie haben. Er sprach in Amsterdam, Delft und Leyden über jene Probleme, die er nachmals in den zwei bekannten Broschüren **Die soziale Revolution** und **Am Tage nach der sozialen Revolution** zusammengefasst hat. Der Reichskanzler Bülow hat im Reichstag einmal diese Hefte, indem er auf die Farbe ihres Umschlags anspielte, den grünen Baedeker für den sozialdemokratischen Zukunftsstaat genannt.

Wir lernten in jenen Tagen Holland und seine gastfreien Bewohner lieben und schätzen. Neben den Russen waren es stets die Holländer, die am eifrigsten die Theorie pflegten und es mit ihren ökonomischen und historischen Studien sehr ernst nahmen. Die schönsten Stunden allerdings verlebten wir mit zwei von den Freunden, die mehr wegen ihrer Poesien als wegen ihrer Theorien bekannt waren, mit den beiden Dichtern und Parteigenossen Hermann Gorter und Henriette Roland-Holst. Heute sind beide Ultrakommunisten und haben zu denen gehört, die den einstmals von ihnen gefeierten und sogar dichterisch verherrlichten Kautsky am heftigsten und erbittertsten angriffen – man hasst eben nirgends mehr als wo man einst liebte. Zu den seither verlorenen Freunden zählte damals auch der den deutschen Genossen wohlbekannte Anton Pannekoek, jetzt Professor der Astronomie an der Amsterdamer Universität. Auch er ist Kommunist geworden.

In herzlichem Freundschaftsverkehr geblieben sind wir jedoch fast mit allen übrigen holländischen Genossen: den Troelstras, Wibauts, Ankersmits, mit Bonger, dem Herausgeber der wissenschaftlichen Revue der holländischen Sozialdemokratie: ***De socialistische Gids***, und vielen anderen. Einen der getreuesten unter den getreuen Marxisten Hollands, Joseph Loopuit, hat man vor nicht ganz einem Monat zu Grabe getragen. Aufrichtig betrauern die Partei und seine Freunde, zu denen auch wir uns zählten, seinen Verlust. Noch im Mai 1919, als sich zum ersten Mal nach der Beendigung des Weltkriegs internationale Sozialisten wieder in Amsterdam zusammenfanden, hatten wir uns in seinem gastlichen Hause versammelt: Jean Longuet, Charles Rhoden-Buxton, unser unvergesslicher Haase u. a.

Im Januar 1919 hatten sich die Genossen aus der Internationale zum ersten Mal nach dem Weltkrieg schon in Bern zusammengefunden; die Berner Konferenz war sogar weit zahlreicher beschickt gewesen, und im Allgemeinen war die Freude über das Wiedersehen und über die Möglichkeit, endlich wieder alten Freunden die Hand drücken zu können , groß, wenn auch nicht ganz ungetrübt, denn zu sehr wirkten noch die durch den Krieg geschaffenen Zwistigkeiten nach. Auch in Amsterdam im Mai machten sie sich noch fühlbar, doch begannen sie sich schon zu überbrücken, und bei der dortigen Maifeier sprachen schon Redner aller Nationen und aller Schattierungen. Die Demonstration auf der Straße trug an jenem 1. Mai einen besonders feierlichen Charakter, denn die Gemeindearbeiter Amsterdams hatten eben nach langem, zähen Kampfe den Achtstundentag errungen. Endlos war der Zug der Demonstranten, an dessen Spitze die Frauen gingen und in dem ich an der Seite von Genossin Pothius-Smit und Genossin Wibaut mitmarschierte.

Jetzt rückt die Reaktion von allen Seiten und in allen Ländern wieder dem Achtstundentag zu Leibe – die Feier des 1. Mai gewinnt wieder ihre ursprüngliche Bedeutung. Hoffen wir, dass es dem Hamburger Kongress gelingt, die Arbeiterschaft endlich wieder so zusammenschweißen, dass sie imstande ist, dieser Internationale der Reaktion eine geeignete und dadurch unüberwindliche Internationale des Proletariats entgegenzustellen.

Eine Fahrt nach Georgien

Ein tragisches Geschick hat die kleine sozialdemokratische Bauernrepublik im Süden des Kaukasus ereilt: Sie ist mitten im Frieden, ohne vorherige Kriegserklärung, von ihrem großen Nachbarstaat Sowjetrussland räuberisch überfallen worden, ihre aus Sozialdemokraten bestehende Regierung musste fliehen, ihre kleine, tapfere Armee musste der Übermacht weichen, ihre alten, im Kampf gegen das zaristische Russland erprobten politischen Führer mussten aufs neue wieder in die Gefängnisse wandern, die ihnen noch aus der Zeit der weißen Schergen nur allzu gut bekannt sind.

Viel zu wenig hat das Proletariat des Westens von diesen schmachvollen Vorgängen erfahren, die das Banner des Sozialismus mit untilgbaren Flecken besudeln. Durch den Weltkrieg abgestumpft und seit Jahren daran gewöhnt, von nicht enden wollenden, blutigen Reibereien zwischen Russland und seinen Randstaaten zu sehen, ahnt unsere Arbeiterschaft nicht im entferntesten, welche herzzerreißende Tragödie sich in dem kleinen Land im fernen Osten abspielt.

Georgien, das nach hundertjährigem Vasallentum im Mai 1918 endlich seine Fesseln abstreifen und sich zur selbständigen Republik erklären konnte und, nachdem es das zaristische Joch abgeschüttelt hatte, daran ging, nach sozialistischen Grundsätzen einen demokratischen Staat aufzubauen, dessen erste Tat darin bestand, den Großgrundbesitz zu enteignen, das arme, schöne Georgien ist dieser kurzen Selbständigkeit aufs Neue beraubt worden, und beraubt worden durch eine Macht, die zwar unter der Flagge des Sozialismus einher segelt, die aber nur eine neue Spielart des Imperialismus ist.

Es ist die Pflicht eines jeden Sozialdemokraten, auf diese Vorgänge genau zu achten, um aus ihnen das Wesen des Bolschewismus studieren zu können.

Und da man für ein Land und für ein Volk um so mehr Interesse gewinnt, je mehr man von ihnen weiß, so halte ich es für ein nützliches Beginnen, mein bescheidenes Scherflein zu dieser Kenntnis von Land und Leuten Georgiens beizutragen. Meine flüchtige Skizze erhebt keinen Anspruch darauf, eine wissenschaftliche Leistung zu sein. Wer über die Formen und Einrichtungen des Staates, über die ökonomischen Hilfsquellen und Bedingungen des Landes usw. sich genauer informieren will, der lese das im März erschienene Büchlein von Karl KAUTSKY: **Georgien, eine sozialdemokratische Bauernrepublik**, in dem er das Resultat seiner Beobachtungen und Studien niederlegt.

Schon vor Jahren übermittelten uns georgische Parteigenossen, die uns gelegentlich besuchten, den Wunsch der georgischen Arbeiterpartei, ihren alten Lehrer Kautsky einmal auf georgischen Boden zu begrüßen. Als im Jahre 1918 Georgien sich von Russland loslöste und sich als selbständige Republik erklärte, an deren Spitze eine aus Sozialdemokraten menschewistischer Richtung bestehende Regierung trat, wurde diese Einladung aufs dringendste wiederholt.

Reise und erste Eindrücke

Im August1920 entschlossen wir uns, ihr Folge zu leisten, denn nun waren es nicht mehr bloß Land und Leute, die uns zu der interessanten Reise verlockten, nun konnte man damit auch eine Studienreise verbinden und die Früchte des zweijährigen Wirkens einer Regierung beobachten, die mit Stolz darauf hinwies, dass sie selbst auf dem Boden der Sozialdemokratie stehe und dass ihr ganzes Handeln von den Lehren eines Marx, Engels und Plechanow beeinflusst sei.

Unser erstes Reiseziel war Rom, das wir über München, Innsbruck und das italienisierte Tirol erreichten. Schon da lernten wir die Segnungen der Nachkriegszeit gründlich kennen, die so reich an überflüssigen und darum nur um so lästigeren Zoll-, Pass- und Grenzplackereien ist, dass dem gewöhnlichen Sterblichen die Lust am Reisen eigentlich vergehen möchte. Rom machte auf den ersten Blick den gewohnten Eindruck: voll von Sonne, Lärm und ohrenbetäubendem Geschrei, schien es sprudelnd von Leben und südlicher Heiterkeit. Doch bei näherem Zusehen und Hinhorchen und im Gespräch mit den Einheimischen gewahrt man viel ernste Gesichter und hört man einen dumpfen Unterton von Traurigkeit, tiefster Verbitterung, ja oft Verzweiflung. Denn das italienische »Sieger«volk leidet so grausam wie nur irgend ein anderes vom Kriege betroffenes unter Nahrungsmangel, Teuerung und bitteren Entbehrungen. Und schamloser als anderswo macht sich in Italien neben dem allgemeinen Elend der krasse Luxus der »pescicani«, der »Haifische«, breit, wie die Schiebergilde im Volksmund dort so bezeichnend heißt.

Die Zeit, die wir bis zum Abgang unseres Schiffes in Rom verbringen mussten, wurde uns nicht lang und das Warten nicht schwer. Gibt es doch wenig Städte, von denen ein solcher Zauber ausgeht wie von Rom. Nicht nur, dass man sich nicht bedrückt davon fühlt, auf Schritt und Tritt den erhabensten Monumenten einer großen Vergangenheit zu begegnen, nein, dauernd fühlt man sich sogar alsbald zu ihnen hingezogen; es bildet sich eine Art von vertraulichem Verhältnis zu diesen ehrwürdigen Zeugen vergangener Größe heraus. Es ist wie ein Traum, dass wir das große alte Rom mit seinem Kapitol, seinem Forum, seinem Kolosseum, seinem Pantheon leibhaftig vor uns sehen, es uns nicht mehr aus Geschichtsbüchern und Beschreibungen mühsam zu rekonstruieren brauchen; nein, wir haben es greifbar vor uns, es wirkt auf uns wie eine Offenbarung des Geistes der Weltgeschichte. Zeit und Raum nehmen andere

Dimensionen an als bisher, alles längst Vergangene, unerreichbar Scheinende wird uns so nahe gerückt und vermenschlicht, dass man darüber eine Art von Befreiung und Beglückung zu spüren vermeint. Auch wirkt der Kontrast zwischen alter und neuer Kultur durchaus nicht so störend, wie man annehmen könnte, obzwar die Italiener und besonders die modernen Frauen es an grellen Tönen wahrlich nicht fehlen lassen. Aber dem ernsten, feierlichen, antiken Rahmen, in dem sich dieser Jahrmarkt modernsten pulsierenden Lebens auslebt, vermag kein noch so dick aufgetragener Farbenklecks Abbruch zu tun.

Was uns ganz speziell noch auffällt, ist die Freude, mit der die Bevölkerung sie vereinzelt wiederkehrenden Tedeschi, die Deutschen, begrüßt. In den Läden knüpft man mit uns Gespräche an, gibt der Hoffnung Ausdruck, dass bald, recht bald wieder viele Deutsche kommen mögen, und dass vor allem der Warenverkehr sich wieder regeln solle, denn »wir sehnen uns nach den guten, billigen und soliden deutschen Erzeugnissen, wir haben sie allzu lange schon schmerzlich entbehren müssen".

Nirgends ein unfreundliches Gesicht, nirgends ein unliebenswürdiges Wort. Wahrlich, auch dort ist ein ganzes Volk unschuldig in den Krieg hineingetrieben worden, und der künstlich erzeugte Hass ist wie Schnee an der Sonne weggeschmolzen.

Mitte September ging unser Schiff von Taranto (Tarent) ab. Dieser Ort bietet den typischen Anblick aller süditalienischen Hafenstädte: ohrenbetäubendes Geschrei, zahllose Fliegen, grelle Sonne und vor allem Staub, Staub, Staub auf der breiten, längs des Meeres sich hinziehenden Straße, die vom Bahnhof zum Hafen führt. Unser Dampfer gehört zur sogenannten Adria-Linie, führt den Namen »Kiralyi Ferency Jozsef« (König Franz Joseph) und ist eines der Schiffe, die die Italiener den Ungarn wegnahmen. Doch beließen sie ihm nicht nur den Namen, sondern auch größtenteils die Offiziere und die Mannschaft, die fast aus lauter Angehörigen der ehemaligen österreichisch-ungarischen Monarchie besteht: Ungarn, Fiumaner, Siebenbürgen, sogar Wiener fanden wir darunter, so dass wir uns ganz zu Hause fühlten.

Das Wetter war herrlich und das Meer spiegelglatt. Wir konnten vom frühen Morgen bis zum späten Abend auf Deck sein, so dass uns nichts von dem entging, was sich etwa zu Wasser oder zu Lande zeigte. Doch gab es nichts zu sehen als Inseln, Inseln ohne Zahl, aber auch ohne Eigenart oder Vegetation. Waren wir doch bald im ägäischen Meer, mitten im griechischen Inselreich, angelangt. Wenn aber auch das Auge nichts anderes erblickt als ödes Hügelland, so durchfährt der Kulturmensch diese Gegenden doch mit einer Art frommer Andacht, denn vertraute und durch die Zeit geheiligte Namen klingen fortwährend an sein Ohr, wie Ithaka, Korinth, Athen, Salamis, und es ist ein eigenartiges Gefühl, das unser Herz höher klopfen lässt, diese klassischen Stätten so greifbar nahe vor sich zu haben.

Am frühen Morgen war unser Schiff von einem Schlepper durch den Kanal von Korinth bugsiert worden, der etwa sechs Kilometer lang, aber gerade nur so breit ist, um einen Dampfer hindurchzulassen. Dieser erst kurz vor dem Krieg vollendete gewaltige Durchstich imponiert durch die Höhe seiner steilen und glatten Wände. Die alten Griechen, die, wie wir aus der Geschichtsstunde wissen, keinen Kanal hatten und ihre Schiffe in diese respektable Höhe auf der einen Seite hinauf befördern, auf der andern wieder herunterlassen mussten, hatten ein saures Stück Arbeit dabei zu leisten.

Am nächsten Morgen erwachten wir schon in den Dardanellen, in die wir bei Morgengrauen eingefahren waren. Von halb 8 bis 1 Uhr hielten wir dort, an ihrer engsten Stelle, angesichts zweier befestigter türkischer Ortschaften. Es wurde nämlich sehr viel Vieh eingeladen, und zwar auf höchst primitive und sehr grausam erscheinende Weise. Den Rindern wird ein dicker Strick um die

Hörner und ein eben solcher um den Hals gelegt. Daran wird der Haken des Krans befestigt, und so wird das Tier am Kopf hochgezogen und von dem Kahn, auf dem es heran gerudert wird, auf das Schiff befördert. Bei den Schafen und Ziegen werden gleich ein Dutzend, an den Füßen zusammengebunden, heraufbefördert. Die Tiere geben dabei erstaunlicherweise keinen Laut von sich, so sehr scheinen sie vom Schreck gelähmt zu sein. Im Allgemeinen passiert nichts Schlimmes, nur ein armes Kühlein büßte eines seiner Hörner dabei ein. Mit den Pferden geht man glimpflicher um, die bekommen einen breiten Gurt um den Bauch gelegt, an dem man sie dann emporzieht. In der fünfstündigen Pause gab es auch sonst noch viel zu sehen, denn zahlreiche Boote mit türkischen Händlern kamen zu uns heran, und fast alle Passagiere kauften von den wundervollen Trauben, die aus Kanaan zu kommen schienen, so groß und süß waren sie. Außerdem boten die Leute noch Kürbisse, Eier, Zigaretten, Brot, Grünzeug und Fische feil, die unser Küchenchef erwarb. Der Viehtransport war nach Konstantinopel bestimmt, das wir am nächsten Morgen erreichen sollten.

In grauer Dämmerung schon sind wir auf Deck, um des Wunders teilhaftig zu werden, die Sonne über Konstantinopel aufgehen zu sehen. Wie viel man auch darüber gehört und gelesen haben mag, die Wirklichkeit übertrifft doch jede Vorstellung. Wenn sich aus dem dämmerigen, silbrigen Dunst und Morgennebel die mächtigen Kuppeln und die schlanken Minaretts der unzähligen um den Golf gelagerten Moscheen herausschälen, wenn der Hafen sich mit hunderten und aberhunderten kleiner Boote (Kaiks genannt) zu beleben beginnt, wenn die graziösen Segler ihre Leinwand entfalten und die imposanten Schiffskolosse aus aller Herren Länder im bunten Flaggen- und Wimpelschmuck sich schwerfällig in Bewegung setzen, so ist das ein wundervolles, unvergesslich schönes Bild, zu dem die steil ansteigende Stadt den prächtigsten Rahmen abgibt.

Das Leben und Treiben im Hafen erinnert an Neapel, doch sind die Menschen in Konstantinopel schöner und sympathischer. Sie scheuen alle malerisch aus, ob sie nun Turban oder Fez tragen und bewegen sich auf ihren Kaiks und Seglern katzenartig behänd.

Überall erblicken wir noch waffenstarrende Kriegsschiffe, England dominiert und übt mit Frankreich und Italien die schärfste Passkontrolle. Trotzdem unsere Visa in vollste Ordnung waren, mussten wir unsere Pässe abgeben und sie von der Interalliierten Kommission nochmals mit einem Durchgangsstempel versehen lassen. Endlich aber durften wir doch an Land und stürzten uns in den Strudel des Verkehrs, von dessen Lebendigkeit man sich kaum einen Begriff zu machen vermag. Bis in die kleinsten Winkel und Gässchen schiebt, drängt und stößt sich unaufhörlich eine hastige, Waren ausrufende und anpreisende Menge, die durch die Verschiedenheit der Typen und Trachten ungemein farbig wirkt. Im Augenblick wird das Straßenbild noch um eine Nuance reicher und belebter durch die zahlreichen französischen, englischen und italienischen Besatzungstruppen. Besonders die Inder, Sikhs, Gurkhas und andere exotische Krieger wirken ungemein malerisch durch ihre schönen braunen Gesichter mit den blitzenden Zähnen, ihre überschlanken Gestalten, ihre weißbeturbanten Köpfe und ihre von fremdartigen Waffen starrenden Uniformen. Was uns auf den ersten Blick auffällt, sind die scharfen Kontraste, an denen kaum eine zweite moderne Stadt so reich ist, wie Konstantinopel. Neben den unzähligen Autos, die mit rücksichtslosester Geschwindigkeit die übervollen Straßen durchrasen, kriechen Bauernfuhrwerke von unglaublicher Primitivität und ziehen Kamelkarawanen, von kleinen Eselchen angeführt, gemächlich dahin. Neben der altmodisch gekleideten, tiefverschleierten, frommgläubigen Hanum (türkischen Frau) geht die hochmoderne English Lady, die herausfordernde französische Kokotte und die europäisch gekleidete aufgeklärte Türkin, die sich nicht scheut, im Tramwaywagen neben Männern zu sitzen, während ihre rückständige Schwester noch im Frauenabteil sitzt, das durch einen Vorhang von dem der übrigen Fahrgäste geschieden ist.

Während die Stadtteile Galata und Pera für den Europäer, der orientalisches Leben sehen will, nichts besonderes bieten, kommt er in Stambul umsomehr auf seine Rechnung. Originell ist die Bauart der meist aus Holz gefertigten Häuser, originell sind die Läden und ihr Inhalt, sind die Cafés mit den ewig herumlungernden, fast nie etwas genießenden Gästen, mit den Tschibuks und Wasserpfeifen, am originellsten aber die zahlreichen alten Friedhöfe, denen durchaus nicht viel Pietät erwiesen wird, sondern durch die nach verhältnismäßig wenig Jahren Straßen gelegt werden. Sie dienen gewöhnlich als Tummelplätze für die Jugend, die dort ihren Schabernack treibt, die Grabsteine als Turngeräte benutzt und auf ihnen gymnastische Übungen vornimmt. Die Grabsteine der Männer tragen einen in Stein nachgebildeten Turban, die der Frauen einen steinernen Blumenkranz. Frischen Blumenschmuck sowie Statuen verbietet der Koran. Daher machen die Friedhöfe meist einen öden und wüsten Eindruck; nur zahlreiche Zypressen werden gepflanzt, die dem Boden die bösen Gifte entziehen sollen, die durch die verwesenden Leichen erzeugt werden.

Das schönste an Konstantinopel außer seiner unvergleichlichen Lage sind seine Moscheen, die wie Riesenschildkröten mit hochgewölbten Rückenschildern daliegen, gleichsam bewacht von den wie Speere in die Höhe ragenden Minaretts, schlanken Türmen, von denen aus zu bestimmten Tagesstunden die Muezzin, eine Art Kirchendiener, ihren eintönigen Singsang erschallen lassen. Und unter allen Moscheen die schönste, imposanteste und harmonischste zugleich ist die Hagia Sophia, ein im 6. Jahrhundert ursprünglich als christliche Kirche im reinsten byzantinischen Stile errichtetes Bauwerk, das im 15. Jahrhundert von den siegreichen Türken zur Moschee umgewandelt wurde. Unvergleichlich ist die Harmonie der Linien dieses herrlichen Gebäudes. Einerseits entzückt und erfreut uns die Eleganz und Zierlichkeit seiner Details, andererseits erfüllt uns seine imposante Größe mit staunender Ehrfurcht. Wir verlassen den mächtigen Kuppelbau mit jenem Gefühl der inneren Befriedigung, den nur ein vollendetes Kunstwerk in uns auszulösen vermag.

Nur ungern trennen wir uns nach drei Tagen, die wie ebensoviele Stunden vergangen waren, von Konstantinopel und dem gastlichen Heim des dortigen georgischen Geschäftsträgers.

Heraus aus dem Gewimmel des Hafens gleitet unser Schiff vorbei an den belebten Ufern des Bosporus ins Schwarze Meer, das trotz seines schlechten Rufs ebenso spiegelglatt da liegt wie das Adriatische und das Ägäische. Aber leider auch ebenso unbelebt und tot – kein Schiff auf der schon im Altertum so viel befahrenen Wasserstraße, auf der bis vor dem Kriege sich der ganze riesige Seeverkehr zwischen Europa und dem südlichen Russland abwickelte. Wir sehen, dass dieser ehedem so blühende Handel total zerstört ist, dass die Folgend des Krieges noch lange, lange nicht überwunden sind und es noch vieler, vieler Jahre bedürfen wird, ehe dort wieder Leben und Bewegung herrscht.

Einsam zieht unser Schiff seine Bahn bis Trabzon, uns aus der Geographie und Geschichte wohlbekannt unter dem Namen Trapezunt. Es entzückt uns durch seine Lage. Steil baut sich die Stadt über dem Meere auf und sieht mit ihren bunten, meist niedrigen Häusern wie eine ausgeschüttete Spielzeugschachtel aus, zu der man einige Moscheen mit ihren Minaretts und viele Zypressen hinzugefügt hat.

Da der kleine Hafen von Trapezunt für so große Schiffe nicht zugänglich ist, so warfen wir Anker auf der Reede und allsogleich sind wir von einem Gewimmel kleiner türkischer Boote umgeben, die teils Waren, besonders wundervolle Feigen, für die Trapezunt berühmt ist, und schneeweißes leckeres Brot anbieten, teils die Passagiere in die Stadt bringen wollen. Nachdem die üblichen Formalitäten und Kontrollvisite des türkischen Arztes, die auch nur eine Formalität war, absolviert sind, besteigen wir mit unserem georgischen Begleiter das Boot und lassen uns übersetzen. Trapezunt gleicht einem einzigen großen Bazar, dessen offene Läden angefüllt sind mit einer Unmenge englischer, italienischer und französischer Waren. Wir steigen die sehr steilen Straßen hinauf zu einem Aussichtspunkt, nehmen dann noch einen Wagen, um eine Rundfahrt um die ganze Stadt zu machen, und lassen uns beim Rückweg in einem kleinen offenen türkischen Restaurant nieder, wo wir uns ein auf türkische Art zubereitetes Fleisch vorsetzen ließen, auf das schon Baedecker als eine besondere Delikatesse hinweist. Kleine, flachgeklopfte Fleischstücke, meist Hammelfleisch, werden mit Pfeffer und Salz bestreut und mit etwas Zwiebel und Tomaten so fest um einen senkrecht stehenden Spieß gewickelt und gebunden, dass sie eine förmliche Wurst bilden. Dann wird ein kleines Öfchen daneben befestigt, aus dem glühende Holzkohlen herausragen, so dass die Glut an den langsam gedrehten Spieß heranleckt. Man bekommt auf diese Art ein ungemein saftiges, schmackhaftes Gericht, das in der Türkei Saschlik, in Georgien Schischlick heißt.

Beim Herumstreifen in den Gassen sprach uns eine blonde junge Frau an, in der wir auf den ersten Blick eine Deutsche erkannten. Es war eine Deutsch-Schweizerin, die uns erzählte, dass sie mit ihrem Mann, einem ehemals begüterten russischen Fabrikanten vor den Bolschewiki aus Moskau habe fliehen müssen und barfuß und in Lumpen bis Trapezunt gelangt sei, wo sie sich jetzt mit Sprachunterricht fortbringe. Die reichen Türken und Griechen lassen ihre Kinder gern deutsch, französisch und englisch lernen und zahlen gut dafür. Sie vergoss Freudentränen, als sie deutsche Laute hörte, denn wir waren seit ihrer

Flucht aus Moskau die ersten Deutschen, die ihr begegneten. Da ihr höchster Wunsch darin bestand, einmal wieder deutsche Zeitungen zu sehen, so versprachen wir ihr, von unseren Vorräten daran durch den Bootsmann welche zurückzuschicken, wenn wir wieder an Bord gingen. Doch hatten wir die Rechnung ohne die türkische Hafenpolizei gemacht, die solches sträfliche Beginnen um keinen Preis duldete. Die arme junge Frau, die wir auf der Landungsbrücke verließen und die sehnsüchtig harrend die Rückkehr unseres Bootes mit den heiß gewünschten Zeitungen erwartete, musste vor unseren Augen unverrichteter Dinge abziehen und wir konnten ihr nicht einmal ein Zeichen unseres guten Willens geben, da auch das Billett, das ich ihr zur Erklärung schicken wollte, barsch zurückgewiesen wurde. Herrscht doch, wie übrigens in der ganzen Türkei, noch in dieser Gegend nach wie vor der Kriegszustand mit allen seinen Begleiterscheinungen, denn Kemal Pascha, der zu dieser Zeit im Bund mit den Bolschewiki gegen die Entente kämpft, hielt so strenge Wacht, dass z. B. Franzosen, Engländer, Belgier in Trapezunt das Land nicht betreten durften.

Als gegen Abend alle Ausflügler wieder vollzählig versammelt waren, dampften wir weiter gen Batumi, das wir am 28. September morgens erreichten. Wir waren gefasst darauf, auch dort die üblichen Visiten der Sanitäts-, Zoll-, Grenz- und sonstigen Behörden über uns ergehen lassen zu müssen und betrachteten vom Schiff aus ruhig wartend das imposante Bild, das dieser mächtige Hafen, der größte Georgiens, bietet.

Die weite Bucht ist eingerahmt von sanft ansteigenden Hügeln, auf denen die üppigste tropische Vegetation gedeiht. In scharfem Kontrast zu diesem saftigen Grün stehen die blendend weißen schneebedeckten Gipfel des Kaukasus, die aus gar nicht weiter Ferne herübergrüßen.

Schon der erste Anblick Georgiens zeigt dem Beschauer, wie verschwenderisch die Natur diesen Fleck Erde bedacht hat. Alle Klimaten sind auf ihm vertreten. In Sochumi und Batumi wachsen Palmen im Freien, gedeiht der Teestrauch, gelangen Zitronen und Apfelsinen zur Reife. Geht man weiter ins Land, so findet man alle Produkte des gemäßigten Klimas: Mais und alle anderen Getreidearten, Tabak, Obst in reichster Fülle und herrlichster Qualität und die edelsten Weinorten. Heilquellen aller Art entspringen in den Bergen, seltene Mineralien birgt der Boden. Und wenige Tagesreisen nur trennen den tropischen Süden von der majestätischen Gebirgswelt des Kaukasus, wo ewiger Schnee die Häupter von Bergrücken deckt, die den Montblanc an Höhe überragen. Man ließ uns jedoch nicht allzu lange Zeit zur Betrachtung dieses einzig schönen Landschaftsbildes, denn schon nahten auf der breiten Straße, die von der Stadt zum Hafen führt, zwei Automobile, denen die zu unserer Abholung abgesandten Mitglieder der georgischen sozialdemokratischen Partei entstiegen.

Als wir den Fuß auf georgischen Boden setzten, hielt Genosse Scharaschidse, Redakteur unseres Parteiorgans ***Borba*** (Der Kampf) und Mitglied der Nationalversammlung, eine kurze Ansprache, in der er im Namen der georgischen Arbeiterpartei in warmen Worten seiner Freude Ausdruck gab, Kautsky in Georgien begrüßen zu können, dessen Schriften allen georgischen Genossen vertraut und geläufig wären.

Durch die schönen Hafenanlagen und durch saubere, breite, zu beiden Seiten mit Palmen bepflanzte Straßen fuhren wir nun in die Stadt, wo wir im Hause eines früheren russischen Generals untergebracht wurden. Kaum waren wir installiert, so fanden sich schon Deputationen von Arbeitern aus den Lokalorganisationen ein, die uns zu einer großen Begrüßungsversammlung für den Abend ins Batumer Volkshaus einluden.

Nach kurzer Ruhepause führten uns die Genossen in die dem Staate gehörigen, d.h. verstaatlichten Tee- und Bambusplantagen, wobei wir Gelegenheit hatten, die herrliche Umgebung von Batumi kennen zu lernen. Überall, wo wir vorüberkamen, drängten sich die Arbeiter an unseren Wagen heran, um dem »teuren Lehrer« die Hand zu drücken und von allen Lippen scholl uns die georgische Begrüßungsformel »Gaumartschoba«, (»Sieg mit Euch«) entgegen, die ganz der kriegerischen Vergangenheit des Volkes entspricht, und mit den Worten »Gagimardschos« (»Mit euch der Friede«) beantwortet wird.

Die abendliche Versammlung machte uns mit dem erstaunlich hohen Niveau der dortigen Arbeiterschaft bekannt. In den Begrüßungsreden kam neben dem Dank an Kautsky immer wieder der Wunsch nach Weiterbildung zum Ausdruck. Sämtliche Versammlungsteilnehmer geleiteten uns dann nach Hause und lange, lange noch standen die Genossen unter unseren Fenstern. Die georgische Hymne und die Internationale wurden gesungen und die georgischen Hochrufe »Wascha! Wascha!« erschollen immer aufs Neue.

Am nächsten Tage ging es nach Tiflis. Die Fahrt dahin glich einem Triumphzug. Alle Stationsgebäude waren festlich geschmückt, neben der georgischen Fahne flatterten rote Fahnen mit Bildnissen von Marx und Engels und mit Staunen und Rührung gewahrten wir auch überall gerahmte und bekränzte Jugendportraits von Kautsky. Auf jeder Station gab es ein Gewühl von freudig erregten Menschen, die sich an unseren Waggon herandrängten, überall wurden Ansprachen gehalten und des Jubels und des Enthusiasmus war kein Ende. Wir fühlten uns durch diese Ovationen und auch durch das ungewohnte Milieu des Luxuszuges etwas geniert und bedrückt; aber gleich anfangs wie auch bei jeder derartigen späteren Gelegenheit beruhigten uns die georgischen Genossen: Die Arbeiter, sagten sie, sähen jetzt mit ganz anderen Augen diese luxuriösen Waggons an und äußerten oft ihre Freude darüber, dass jetzt statt der früheren Unterdrücker und Ausbeuter ihre Führer, Lehrer und Genossen darin säßen.

In Tiflis erwartete uns Genosse Noë Jordania, einer der ältesten Kämpfer der sozialdemokratischen Partei, jetzt der Präsident der Republik, eine der liebenswürdigsten Erscheinungen im politischen Leben Georgiens, ein Mann, der in makelloser Reinheit die Inkarnation georgischen Wesens darstellt.

Tiflis, die jetzige Hauptstadt Georgiens, hat seinen Namen von den heißen Quellen, die zur Stadtgründung Anlass gaben. Zu beiden Seiten des Kura, der träge in breitem Bett seine Wasser dahin wälzt, baut sich die Stadt steil auf den sie umgebenden Hügeln auf. Ihr Anblick ist ein sehr malerischer, besonders sind die alten Stadtteile mit ihren winkeligen Gassen recht pittoresk. Dort sind alle Häuser noch aus Holz mit großen Veranden, die die ganze Breite des Hauses einnehmen und nach Süden zu offen sind. Durch große Feuersbrünste sind viele alte Stadtteile zerstört worden und an ihrer Stelle erheben sich moderne hohe Steinbauten von ganz europäischen Charakter. Über den Fluss führen mehrere große breite Brücken und von der einen – der Werabrücke – aus genießt man einen prachtvollen Ausblick auf das Panorama von Tiflis, dem der im Hintergrunde aufstrebende schneebedeckte Gipfel des Kasbek (zu deutsch: der weiße Fürst) einen besonderen Reiz verleiht.

Tiflis wirkt weit weniger orientalisch selbst in seinen alten Vierteln als etwa Konstantinopel. In den neuen Teilen sind die Straßen breit, die Läden mit großen Schaufenstern. Um so origineller mutet es den Fremden an, wenn in diesem durchaus modernen Milieu, zwischen Trambahnwagen und Automobilen, plötzlich einige Schweinchen friedlich dahintrotten, wenn die in Georgien auf keinem Tisch fehlenden Puten in Herden vorüber getrieben werden, wenn die großen zweirädrigen Karren von fürchterlich wild aussehenden aber sehr gutmütigen schwarzen Büffeln gezogen, wenn vor allem Scharen von Muschas, das sind Lastträger, schwerbepackt dahinkeuchen, die die schwersten unförmlichsten Lasten auf ihrem gebeugten Rücken einherschleppen – werden doch z. B. ganze Umzüge nur durch Muschas besorgt.

Die ersten Tage in Tiflis brachten uns eine wahre Hochflut von Besuchen einzelner Persönlichkeiten wie auch von Deputationen aller Art und aus allen Kreisen der Bevölkerung. Leider bot vom ersten Augenblick an die Unkenntnis der beiden Landessprachen, Georgisch und Russisch, ein schweres Hindernis für den direkten Verkehr mit den Arbeitern und vielen anderen Persönlichkeiten, von denen wir Auskünfte und Einblicke erbaten. Wir waren fast immer auf Dolmetsche angewiesen. Immerhin fand sich eine ganze Reihe von Genossen, mit denen wir deutsch und französisch verkehren konnten.

Zu den Besuchern aus den Reihen der Parteigenossen gesellte sich noch eine große Zahl deutscher Kolonisten, die in Tiflis früher einen ganzen Stadtteil bewohnten und auch die meisten von ihnen in den Dörfern rings um Tiflis ihrer meist landwirtschaftlichen Beschäftigung nachgehen. So sind zum Beispiel in Alexanderdorf die Milchlieferanten der Hauptstadt, Katherinenfeld und Mariendorf liefern Fleisch und edles Obst, und alle diese Orte und noch zahlreiche andere von Deutschen gegründete Kolonien erfreuen sich wegen ihrer Betriebsamkeit und deutschen Tüchtigkeit der größten Wertschätzung in allen georgischen Kreisen.

Originell mutete es uns an, aus dem Munde aller dieser Kolonisten und ihrer Abkömmlinge das reinste Schwäbisch zu vernehmen. Ihre Vorfahren waren vor etwa hundert Jahren meist aus Württemberg in die Gegend des Kaukasus gekommen und trotz starker Vermischung mit den dortigen Einheimischen hat sich das heimatliche Idiom unverändert bei ihnen erhalten, obzwar nur die wenigsten von ihnen schwäbischen Boden je betreten haben. Sie sind in der georgischen Nationalversammlung durch einen Lehrer vertreten, der der sozialdemokratischen Fraktion angehört. Ihre Kinder schicken diese Kolonisten in die deutsche Volksschule und ein deutsches Realgymnasium. Außerdem ist seit drei Jahren Deutsch obligater Lehrgegenstand in allen georgischen Mittelschulen. Wir haben diese deutschen Schulen besucht und besonders von der Volksschule einen guten Eindruck bekommen.

Dem Schulwesen wendete die junge georgische Republik überhaupt die verdiente größte Aufmerksamkeit zu. Soweit ihre ihre knappen Mittel reichten, bemühten sich die Schulbehörden, die modernsten Reformen zur Ausführung zu bringen. Wir sahen die allgemeine Schulspeisung und konnten uns von der Güte der dargereichten Nahrungsmittel überzeugen, wir sahen die Handfertigkeitskurse, wir sahen aber auch etwas, was rein georgischen Charakter trug, nämlich den Tanzunterricht, der an keiner Anstalt fehlt, nicht einmal im Kindergarten.

Es ist von großem Reiz, wenn die ganz Kleinen schon die Nationaltänze vorführen. Besonders die Lesghinka, ein sehr graziöser Tanz, in dem manche Georgier es bis zur größten Vollkommenheit bringen, wird schon von klein auf bei den Kindern geübt. Die Kinder schließen einen großen Kreis um einen Knaben und ein Mädchen die nun abwechselnd mit anmutiger Ruhe oder in stürmischer Bewegung ihre Figuren beschreiben, begleitet von einem ziemlich eintönigen, aber doch sehr anfeuernden Gesang und einem rhythmischen Händeklatschen, in das sämtliche umstehende Kinder einfallen. Die Augen der Kinder leuchten vor Freude und Behagen, wenn es zur Tanzstunde geht, und der Besucher nimmt einen frohen Eindruck mit, wenn er sieht, wie freudig und fröhlich das junge Volk sich dort von der Monotonie der übrigen der übrigen Schulstunden erholt.

Diese frühgeweckte Tanzgewohnheit steigert sich im Laufe der Jahre bei vielen Erwachsenen bis zu Tanzleidenschaft. Kein geselliges Zusammensein, kein Familienfest, wo nicht Tänze aufgeführt werden. Als wir bei unserer Ankunft im Hause des Bürgermeisters in Batumi freundliche Aufnahme fanden, war es sein sechsjähriger Sohn, der uns zum ersten Mal einen der Nationaltänze, genannt »Schamyls Gebet«, vorführte. Wo immer wir im Freundeskreis saßen, am Ende der Mahlzeit fehlte nie Gesang und Tanz. Mochte der Raum noch so klein sein, er genügte, um die kunstvollsten, anmutigsten Drehungen und Schwingungen zu erlauben. Kamen wir zu Parteigenossen und waren wir erst ein bisschen warm geworden, so begann gewiss ein Kind des Hauses einem der primitiven Instrumente schüchtern und leise einige Töne zu entlocken und wenn es erst merkte, dass wir ihm Aufmerksamkeit schenkten, so war auch gleich ein Tänzer oder ein Pärchen bei der Hand, das uns durch die Vorführung seiner Kunst die höchste Ehre erwies, die der gastfreundliche Georgier zu vergeben hat. Beim Tanzen kommen die schlanken biegsamen Gestalten der Georgier erst richtig zur Geltung.

Die georgische Frau

Wir alle haben schon in der Schule gelernt – wenigstens in meiner Jugend stand es in allen Lehrbüchern –, dass die Georgier die schönsten Vertreter der Kaukasier seien. Besonders wird dies von den Frauen gesagt, tatsächlich trifft es, soweit meine Beobachtungen reichten, bloß für die Männer rückhaltlos zu; man sieht dort prachtvolle Gestalten mit edlen, kühnen Gesichtern; sie sind meist schlank und sehnig, kräftig gebaut, haben einen elastischen Gang, sind fast alle gute Reiter – was durch die Beschaffenheit der Straßen, Gebirgswege und unregulierten Flüsse und Wildbäche bedingt ist, die man oft zu passieren hat –, ihre Gesichtsfarbe ist hell, ihre Augen sind von dunklem Glanz und haben durchwegs einen sanften Ausdruck. Bei vielen wird das Äußere sehr gehoben durch die kleidsame Tracht, die sogenannte Tscherkeßka, einen langschößigen, scharf die Taille markierenden Mantel, an dessen mit silbernen Zierraten geschmückten Gürtel entweder ein Säbel oder mindestens ein sehr langes Dolchmesser hängt, während ein kleiner Dolch stets noch im Gürtel steckt. Ein großer Teil der Stadtbewohner trägt noch diese Tracht; auf dem flachen Lande sahen wir daneben noch ein eigenartiges Cape, einen Radmantel von ungeheurer Weite aus rauem schwarzen Fell bestehend und vermittelst eines hineingesteckten Holzstabes weit von den Schultern abstehend, so dass der Träger wie eine große, schwarze wandelnde Glocke aussieht.

Sehr abwechslungsreich sind die Kopfbedeckungen. Meist bestehen sie aus Lammfellmützen mit langen Zotteln, die, formlos über den Kopf gestülpt, ihren Besitzern ein außerordentlich wildes Aussehen verleihen. Sie werden in allen Farben getragen und oft hat man Mühe, zu unterscheiden, ob ein Mann nur sein eigenes verwildertes Haar oder eine solche Mütze trägt, so verwachsen sind sie mit ihren Träger. Bei schlechtem Wetter tragen die Männer, die sich viel im Freien aufhalten, den sogenannten Baschlik, eine eigenartige, um den Kopf gebundene Kapuze, die ihren Träger vorzüglich gegen Wind und Regen schützt.

Einen ganz anderen Eindruck gewinnt man von den Frauen. Wenn sich natürlich auch vereinzelte wirkliche Schönheiten unter finden, so kann man ihnen wahrheitsgemäß nicht den Ruf machen, sie seien die allerschönsten. Wohl aber darf man behaupten, dass die Frauen von rein georgischem Typus alle sehr lieblich und angenehm sind. Sie haben feine Züge, ein schönes Oval des Kopfes, eine meist elfenbeinfarbene Hautfarbe, sehr kleinen Mund, vor allem aber wundervolle, dunkle, sehr sanfte Augen. Sie machen einen etwas apathisch schwermütigen, indolenten Eindruck und sind auch, natürlich abgesehen von dem modernen Teil unter ihnen, auf den ich noch zu sprechen komme, ziemlich apathisch und bequem. Jene georgischen Männer, die die Frauen im westlichen Europa in all ihrer Tüchtigkeit kennen lernten und deren Blick daher für die Fehler und Schwächen der Frauen des eigenen Landes sehr geschärft ist, hörte ich öfters darüber klagen, dass sich die georgischen Frauen so schwer von der ererbten orientalischen Indolenz und Apathie losmachten. Meist besorgt der Mann die nötigen Einkäufe und verrichtet auch willig jede Hausarbeit. Wir hatten eine Parteigenossin als Haushälterin, die mütterlicherseits von deutschen Kolonisten stammte, aber schon sehr viel georgisches Blut in den Adern hatte und an einen Georgier verheiratet ist. Wenn es galt, ein Huhn oder Fleisch zu kaufen, so war sie immer sehr verlegen und sagte meistens bittend: »Das können wir erst morgen haben, da besorgt es mein Mann.« Dabei ist sie eine Arbeiterfrau, vierzig Jahre alt und Mutter von fünf schon zum Teil erwachsenen Kindern.

Auf den Märkten sieht am als Käufer neben vielen Männern meist nur russische Frauen, die sich zu Dienstmädchen viel besser eignen als die echten Georgierinnen, deren unpraktische Tracht: lange schleppende Kleider, lange, oft über die Hände fallende Ärmel, lange herabhängende Schleier, das häusliche Arbeiten naturgemäß sehr erschwert. Köchinnen sind eine sehr große Seltenheit dort, die Küche wird von Männern besorgt. Georgische Köche sind im ganzen Osten berühmt, in Russland galten sie von jeher als die besten. In Tiflis haben alle Familien, die es sich halbwegs leisten können, und wenn sie auch sonst auf anderes Dienstpersonal verzichten, einen Koch, trotzdem dies eine recht kostspielige Institution ist; denn diese Herren, die fast nie allein, sondern stets nur in Begleitung eines Küchenjungen auftreten, sind ebenso verschrien wegen ihrer Neigung, sich »Körberlgeld« zu machen, als sie wegen ihrer Geschicklichkeit berühmt sind. Aber diese unangenehme Begleiterscheinung wird von den Georgiern mit dem schönen Gleichmut ertragen, der sie in keiner Lebenslage verlässt. Zum Wesen des Kochs gehört es eben, dass er betrügt und stiehlt, und damit basta. Wozu sich darüber aufregen?

Das Zauberwort »Nitschewo«, das unserem »macht nix« entspricht, hilft über alle derartige und noch viel schlimmere Misslichkeiten hinweg und macht das Leben ungemein leicht und angenehm. Wenn wir zu Anfang unseres Aufenthalts oft durch Unpünktlichkeiten, Langsamkeiten oder Verständnislosigkeiten etwas gereizt und ungeduldig werden wollten, so begegneten wir stets erstaunten fragenden Blicken, die deutlich sagten: »Wozu regt ihr euch so auf? Nitschewo! Es ist doch alles nicht so schlimm.« Und tatsächlich erzeugt diese Geistesverfassung bei den Georgiern eine gewisse Sanftmut im Umgang, man hört niemals große Worte, aller Verkehr spielt sich in liebenswürdigen Formen ab.

Streitigkeiten auf offener Straße haben wir nicht ein einziges Mal beobachtet, selbst Kutscher und Chauffeure sind liebenswürdig, wie denn überhaupt Liebenswürdigkeit, Ritterlichkeit, Geduld und Güte zu den hervorragendsten Charaktereigenschaften der Georgier, ob Mann, ob Frau, gehören, so dass es nach kurzer Zeit der Gewöhnung an die Landessitten dem Westeuropäer schwer fiele, sie nicht zu lieben.

Daneben ziert sie auch noch eine große Bescheidenheit und sie werden nicht müde, zu betonen, dass sie noch viel, viel zu lernen haben, besonders von den Deutschen, deren Fleiß, Tüchtigkeit, Organisationstalent sie nicht genug loben und bewundern können. Und da die Georgier von leichter Auffassungsgabe, willig und anstellig sind, so waren und sind sie imstande, rasch zu lernen und leicht höhere Kultur anzunehmen. Deutsche, Belgier, Italiener, Franzosen, die wir sprachen und die seit Jahren teils als selbständige Kaufleute, teils als Leiter großer Betriebe im Lande ansässig sind, stellen den Georgiern in dieser Hinsicht das beste Zeugnis aus. Ich will mich darüber hier nicht weiter verbreiten, denn diese ökonomischen Fragen behandelt mein Mann in einer eben erschienenen Broschüre über Georgiens Ökonomie und Politik.

Immerhin konnte ich als Frau auf diesem Gebiet auch gewisse Beobachtungen machen. Sehr unterstützt wurde ich dabei von einer ganzen Zahl organisierter Genossinnen, denen ich an dieser Stelle ein Wort der Dankbarkeit und Bewunderung widmen will. Die Frauenbewegung in Georgien, so jungen Datums sie ist – sie besteht frei und offen erst seit der Unabhängigkeitserklärung im Jahre 1918, früher unter dem Zarismus war sie unterirdisch und geheim –, hat doch schon feste Wurzeln gefasst und ihre Vertreterinnen in Tiflis machen einen ausgezeichneten Eindruck. Eigentlich hat man kein Recht, dort von einer besonderen Frauenbewegung zu sprechen, denn die Genossinnen gaben mir die bestimmte Versicherung, dass sie von dem Moment an, wo sie, vom zaristischen Druck befreit, offen ihren Klassenkampf führen konnten, sie dies Schulter an Schulter mit den Männern getan hätten.

Die gewissen Frauenemanzipationsbestrebungen, die sich in Westeuropa so breit machten, die Suffragetten, die für das Damenwahlrecht kämpften, sie sind in Georgien unbekannte Erscheinungen. Die Frauen, die, von Lerntrieb erfüllt, von heißem Freiheitsdrang beseelt, ins Ausland oder nach Russland gehen konnten, um dort zu studieren, und nach Hause zurückgekehrt, ihre proletarischen Schwestern in geheimen Zirkeln aufzuklären, sie haben für ihre Überzeugung dieselben Opfer bringen müssen wie die Männer. Viele von ihnen wanderten ins Gefängnis, wurden lebenslänglich nach Sibirien verschickt, von wo sie nur zurückkehren konnten, weil der Zarismus zusammenbrach, wodurch ihnen die Möglichkeit wurde, in der über alles geliebten Heimat zu wirken.

Ich habe mehreren Sitzungen des Frauenkomitees der sozialdemokratischen Partei beigewohnt und aus den Reden, die mir die Vorsitzende Genossin Doroschelidse ins Französische übersetzte, mit Freuden entnommen, dass jener Geist der Rivalität mit den Männern, der in den Parteien Westeuropas oft noch sein Unwesen treibt, bei ihnen keinen Boden hat. In dieser Beziehung hat wohl das Beispiel der russischen Studentin, die vollkommen gleichwertig neben ihren männlichen Kollegen steht, bei unseren kämpfenden Genossinnen in Georgien Schule gemacht, trotzdem sie zum kleinsten Teil Intellektuelle sind. Interessant ist zu beobachten, wie vorteilhaft sich die meisten organisierten Frauen von ihren noch nicht aufgeklärten Schwestern nicht nur äußerlich, sondern ihrem ganzen Wesen nach unterscheiden. Äußerlich, indem sie sich von der schon vorhin beschriebenen höchst unpraktischen, jede wie immer geartete körperliche Betätigung ausschließenden oder doch mindestens sehr erschwerenden Tracht vollkommen emanzipierten, innerlich, indem sie genau wie ihre europäischen Schwestern aus dem engen Kreis des Haushalts in die Sphäre der öffentlichen Wirksamkeit getreten sind. In der Verfassunggebenden Nationalversammlung wie in allen städtischen, gewerkschaftlichen, genossenschaftlichen Körperschaften ist das weibliche Element wenn auch zahlenmäßig noch schwach, so doch überall durch tüchtige Kräfte vertreten.

Mir war es leider versagt, mit den Frauen, die uns alle mit einer an Zärtlichkeit grenzenden Liebe entgegenkamen, anders als durch Dolmetsche zu verkehren, da fast keine Deutsch oder Französisch verstand und die Parteivorsitzende, eine Ärztin, die auch die Führerin der weiblichen Mitglieder der sozialdemokratischen Fraktion ist, so ungemein beschäftigt war, dass sie nie Zeit fand, mir die gewünschten Auskünfte ausführlich zu geben. Aber man versprach mir statistisches Material über den Stand der Frauenbewegung und ich hoffe, in einem späteren Zeitpunkt dann nähere Daten geben zu können. Als wir Tiflis verließen, war eine große Aktion im Gange, um die an der Grenze stehenden Soldaten, die fast alle Parteigenossen sind, mit allem Nötigen gegen Frost und Kälte zu versehen, was in dem von Textilwaren völlig entblößten Land ungeheure Schwierigkeiten bietet. An Schafwolle fehlt es zwar nicht, wohl aber an den Fabriken zu deren moderner Verarbeitung. Viele Frauen haben daher wieder zur Handspindel und zum primitiven Handwebstuhl zurückgegriffen, um dem Notstand abzuhelfen. In einigen Kinderheimen, die ich, geführt von ihrer Schöpferin, der Genossin Jordania, der Frau des Präsidenten, besuchte, fand ich Frauen, die den kleinen Mädchen Unterricht im Spinnen und Weben gaben. Es ist dies allerdings wahrscheinlich nur eine Übergangsmaßregel, denn das ganze Sinnen und Trachten der Georgier geht dahin, die Naturschätze, an denen ihr Land überreich ist, nach europäischem Muster nutzbar zu machen. Sie schicken zu diesem Zwecke begabte junge Leute nach Deutschland und in die Schweiz, natürlich nicht nur auf Universitäten, sondern auch in Hochschulen für Bodenkultur, Bergbau, Weinbau, in polytechnische, gewerbliche, Handwerks- und andere Schulen, damit sie, heimgekehrt, ihre Kenntnisse zum Nutzen des eigenen Landes verwerten. Da die Georgier sehr anstellig und geschickt sind, leichtes Auffassungsvermögen haben und von heißem Eifer beseelt sind, so bilden diese im Westen geschulten jungen Leute ein äußerst wichtiges Element für den Aufbau ihres Landes.

Der Georgier, der arbeiten gelernt und sich von der orientalischen Sorglosigkeit freigemacht hat, ist dadurch zu einer Persönlichkeit geworden, die vor uns Europäern vieles voraus hat. Er hat zu den liebenswerten Eigenschaften, die sein Volk auszeichnen, als da sind Ritterlichkeit, größte Gutmütigkeit, Gastlichkeit, Gleichmäßigkeit des Temperaments und heitere Gemütsart, noch die hinzugewonnen, die man im Osten nur sehr schwer erwirbt: Fleiß, Ausdauer, Vorsorglichkeit und Weitblick.

Georgiens Freuden und Leiden

Die Georgier sind ein leichtes Völkchen, sie sorgen nicht gern für den kommenden Tag; sie sind auch anspruchslos in ihren Bedürfnissen. Ein gutes Glas Wein, ein frohes Mahl, vergnügte Gäste, Gesang und Tanz und alle Sorgen sind vergessen. Geradezu ein Lebensbedürfnis ist ihnen die weitestgehende Gastfreundschaft. Selbst der ärmste Mann gibt sein Letztes her, um den Gast zu ehren, und man erzählte uns von manchen Familien, die ihre übertriebene Gastlichkeit mit dem Verlust ihrer Güter bezahlen mussten.

Gesungen wird in Georgien bei jedem Anlass. Keine Mahlzeit, wo nicht Rundgesänge ertönen. Ist man gesellig beisammen, so fehlt niemals der Vorsänger, der es oft zur höchsten Kunst darin bringt, alle Anwesenden poetisch zu verherrlichen. Auch darf er nicht einen der Tischgenossen beim Ausbringen der Toaste übersehen, sonst fühlt sich dieser schwer beleidigt. Aber nicht nur die Teilnehmer an der Mahlzeit lässt er hochleben, nein, auch deren Kinder, Kindeskinder und abwesende Verwandte. Den Beschluss bildet ein Hoch auf die Jungfrau Maria. Und da es die Landessitte erfordert, das Glas bei jedem Toast bis auf die Nagelprobe zu leeren, so muss man schon hübsch trinkfest sein, um bei solch festlichen Gelegenheiten ordentlich seinen Mann zu stellen. Ein richtiger Georgier vermag denn auch im Trinken Tüchtiges zu leisten, was bei dem Weinreichtum des Landes und der Süffigkeit der dortigen Weine nicht weiter wundernimmt. Man trinkt dort eben den Wein wie Wasser, um so mehr, als das Land nicht nur wasserarm ist, sondern das vorhandene Wasser auch nicht selten schlecht und geradezu gesundheitsgefährlich ist.

Unter den Vorsängern bei Tisch gibt es lokale Berühmtheiten, die direkt umworben sind, denn der Georgier schätzt Poesie und Dichtung außerordentlich hoch. Mirza-Schaffy, dessen Buch der Lieder einst Friedrich BODENSTEDT, der jahrelang in Tiflis lebte, in deutscher Sprache herausgab, war ein Georgier. Die **Lieder des Mirza-Schaffy** machten etwa um die Mitte des vorigen Jahrhunderts großes und berechtigtes Aufsehen in Deutschland. Allgemein hielt man und hielt auch ich sie für Dichtungen von Bodenstedt, das von seinen Erinnerungen aus dem Kaukasus handelt, erfuhr ich, dass Mirza Schaffy keine Phantasiefigur, sondern wirklich gelebt, gedichtet und gesungen hat und der poetische Lehrmeister Bodenstedts war.

Die Unkenntnis der Sprache verhinderte uns leider, alle die Schönheiten kennen zu lernen, an denen sie reich zu sein scheint. Eine kleine Probe muss genügen: Wenn es bei Tisch vorkommt, dass einem bärtigen Manne etwas in den Bart fällt, so wird er nicht direkt darauf aufmerksam gemacht, sondern der Poet des Abends sagt: Die Nachtigall hat sich auf den Rosenstrauch niedergelassen. Darauf wischt jeder Tischgenosse seinen Bart und dem Betreffenden wird die Verlegenheit erspart. Man hat uns oft die Ansprachen, die Trinklieder, die Marschweisen der Volkswehr, die Gesänge der Kinder beim Reigen übersetzt und wir konnten uns von dem Reichtum der Formen der georgischen Sprache überzeugen. Wohlklang besitzt sie jedoch eigentlich für unser Ohr nicht, da sie eine große Anhäufung von Kehllauten und aneinandergereihten Konsonanten aufweist. So heißt die ehemalige Hauptstadt des Landes Mzchet, ferner ein Ort, an dem sich das ergiebigste Kohlenbergwerk befindet, Tkwibuli, ein berühmter Dichter hieß Tschawtschawadse usw.

An alten Sprachdenkmälern und Literaturschätzen ist Georgien reich. Wir sahen in der Universitätsbibliothek ehrwürdige, in Schweinsleder gebundene Handschriften, die von Mönchen im frühen Mittelalter in Schriftzeichen kunstvoll ausgeführt waren, die heute nur noch von Gelehrten entziffert werden können. Die Georgier sind sehr stolz auf ihre Sprache und eine der schmerzlichsten Erinnerungen ist es für sie, dass von der Zeit an, wo sich das zaristische Russland Georgiens bemächtigte, was zu Beginn des neunzehnten Jahrhunderts geschah, in den Schulen und Ämtern wie auch im Verkehr die russische Sprache eingeführt wurde, so dass die heutigen georgischen Intellektuellen oft besser russisch georgisch schreiben und sprechen.

Die Russen nannten das Georgische »die Hundesprache« und versuchten sie mit denselben Mitteln zu bekämpfen, wie die Hohenzollern in Polen und Schleswig das polnische und dänische, die Habsburger in Südtirol das italienische Idiom bekämpft haben. Aber ebenso zäh wie Polen, Schleswiger und Italiener hingen auch die Georgier an ihrer Sprache und seit den letzten drei Jahren, also seit Georgien an ihrer Sprache und seit den letzten drei Jahren, also seit Georgien seine Unabhängigkeit erklärte, ist viel geschehen, um ihr wieder zu ihrem Rechte zu verhelfen. Wenn auch das seit mehr als hundert Jahren eingebürgerte Russisch in Tiflis noch Markt und Straße beherrscht, wenn auch an Schulen und Hochschulen das Lehrpersonal noch zum Teil russisch vorträgt, so erscheinen doch neben den russischen Zeitungen ebenso viele in georgischer Sprache, so wird in den Theatern in regelmäßiger Abwechselung russisch und georgisch gespielt und gesungen, so ist vor allem die offizielle Verkehrssprache in den Ämtern und mit den Behörden die georgische. Für den Fremden wächst dadurch ungemein die Schwierigkeit, sich zu verständigen. Denn bietet schon die gründliche Erlernung der russischen Sprache dem Westeuropäer große Schwierigkeiten, so noch ungleich mehr die der georgischen, die ebenso wie das Russische für Schreib- und Druckschrift ihre besonderen Zeichen hat.

Uns war es wegen des ausnahmsweise frühen und strengen Winters leider unmöglich, das Land zu bereisen. Wir hielten uns dauernd in Tiflis auf und machten nur einen einzigen mehrtägigen Ausflug nach Kachetien, der besten Weingegend Georgiens, wo wir ein staatliches Weingut besichtigten. Leider war auch diese kleine Tour derart verregnet, dass wir das gastliche Haus des dortigen Inspektors kaum verlassen konnten. Als wir dennoch ein paar Stunden Sonnenscheins ausnützen wollten, um ein wenig ins Land hineinzufahren, lernten wir die Schwierigkeiten kennen, die bei andauernd schlechter Witterung der Zustand der Straßen jedem geregelten Verkehr bereitet. Ich war heilfroh, als ich wieder festen Boden unter den Füßen fühlte, denn ich war während unserer zweistündigen Fahrt, die erst durch das Bett eines reißenden Wildbachs und nachher durch halbmetertiefen Schlamm führte, so recht gewahr geworden, wie sehr wir städtischen Westeuropäer in puncto Straßen verwöhnt sind. Während die mitfahrenden Georgier diese Zustände als ganz natürlich empfanden, machten sie mich recht nervös. Ich fürchtete jeden Augenblick, ein unfreiwilliges Fluss- und Schlammbad nehmen zu müssen. Doch gewahrten wir zu unserer Freude, dass allerorten gearbeitet wurde, um die Straßen zu verbessern, den Bahnbau zu konsolidieren usw.

Auf die Eisenbahnen besonders war das Hauptaugenmerk der georgischen Regierung gerichtet, und die Eisenbahnreparaturwerkstätten in Tiflis, die wir während der Arbeitszeit besuchten, machten auf uns einen ganz ausgezeichneten Eindruck.

Die Eisenbahner sind die Kerntruppe der georgischen sozialdemokratischen Bewegung. Ihr Ruhmestitel ist, dass sie im Herbst und Winter 1917, als sich die russische Front auflöste und die disziplinlos gewordenen Armeen sich zurückflutend durch Georgien ergossen, das kostbare Material vor Plünderung und Beschädigung schützten, was ihnen die ganze Bevölkerung heute noch dankt; auch haben sie damals, da alles drunter und drüber ging, den Verkehr so besonnen und musterhaft abgewickelt, dass die heimkehrenden Soldaten aufs schnellste befördert wurden und dass dadurch Georgien vor vielen der Übel und Gefahren bewahrt blieb, mit denen sonst eine in der Auflösung befindliche Armee ein Land unweigerlich heimsucht. Wir sahen auch die Anlagen der großen Konsumvereine, deren vorzügliche Organisation das ganze Land umfasst und die, wie auch das Genossenschaftswesen, eine immer steigende Bedeutung für Georgien zu gewinnen versprachen.

Überall, wohin wir kamen, fanden wir reges geistiges Leben, emsige Tätigkeit und auf allen Gebieten das Bestreben, in die Höhe zu kommen und Tüchtiges zu leisten.

Unter diesem Eindruck verließen wir Georgien, und schwer fiel uns die Trennung von dem schönen Lande und seinen lieben Bewohnern. Eines nur machte uns den Abschied leichter: die Hoffnung, dieses Land, das uns so teuer geworden, bald und in noch blühenderem Zustande wiederzusehen und dann die schönen Ansätze zu seiner Weiterentwicklung verwirklicht zu finden, so dass wir mit noch größerem Stolz als schon jetzt auf die aufbauende schöpferische Wirksamkeit des Sozialismus in Georgien hätten hinweisen können.

Diese Hoffnungen sind durch die jüngsten Ereignisse zu Schanden geworden. Mit tiefem Schmerz vernahmen wir die Kunde von dem Einfall bolschewikischer Armeen in das friedliche Georgien und unser Herz krampft sich zusammen bei dem Gedanken, dass dort, wo wir eben noch unsere Genossen und Freunde ihre ganze Kraft daransetzen sahen, einem liebenswürdigen und heiteren Volke die Segnungen des Friedens und der Kultur zugänglich zu machen, jetzt die Kriegsfurie tobt, die alles, was im Aufbau begriffen, wieder niederreißt, mordend und plündernd von Stadt zu Stadt, von Dorf zu Dorf rast und im Begriff steht, aus dem schönen Georgien, das sonst im Februar schon einem großen Blütenmeer gleicht, eine ebensolche Trümmerwüste und Einöde zu machen wie aus den unglücklichen Nachbarstaaten Aserbaidschan und Armenien, denen ebenfalls die Heilsbotschaft Sowjetrusslands mit Sengen und Brennen verkündet wurde.

Statt mit einem frohen Ausblick auf Georgiens Zukunft muss ich daher diese Zeilen nur mit dem Ausdruck des tiefsten Schmerzes schließen, dass es den tapferen Georgiern nicht gelungen ist, sich der Übermacht der Feinde zu erwehren und sich in irgend einer Form ihre Selbständigkeit zu erhalten. So wie wir sie kennen gelernt, wissen wir, dass sie bis auf den letzten Mann um ihr Selbstbestimmungsrecht gekämpft haben, das ihnen – o Schmach! – von denen vorenthalten wird, deren falsche Flagge »für Frieden und Freiheit« heute nichts anderes mehr deckt als den nacktesten Eroberungstrieb, die neueste Spielart des Imperialismus: die Vergewaltigung des schwächeren und kleineren sozialistischen Bruders durch den größeren und stärkeren.

* * *

Im Augenblick, wo ich diese Skizze dem Druck übergebe, erreicht mich der Brief eines jungen georgischen Freundes, dem ich folgendes entnehme:

> »Unsere Leute verteidigten jedes Stückchen Boden mit unbeschreiblicher Wut und Erbitterung. Alle, die fähig waren zu kämpfen, standen auf. Sogar die Frauen beteiligten sich unmittelbar am Kampfe. Fräulein Makaeff ist gefallen, Djugelis Bruder (ein Offizier der Volkswehr, Bruder des Oberkommandierenden der Volkswehr, 21 Jahre alt, L.K.) erschoss sich, weil er nicht in die Hände der Bolschewiki fallen wollte. Und das war eine Massenerscheinung. In Tiflis wurde weiter auf den Straßen gekämpft, nachdem die Armee die Stadt verlassen hat. Es war ein großer Mangel an Waffen, dazu kam die ungeheure Übermacht an Zahl der russischen Truppen, die Entente leistete keine Hilfe; das alles hat zur entsetzlichen Niederlage geführt. Tiflis ist vollständig ausgeplündert und die Bevölkerung steht vor dem Hungertod. Man kann gar nicht annähernd mit Worten aus-

drücken, was unsere Bevölkerung jetzt durchgemacht hat und was sie noch durchzumachen hat. Der Hass und die Erbitterung gegen die Bolschewiki waren einmütig ... Und in Berlin berichtet die Rote Fahne, wie sich das georgische Volk ›vom Joch der sozialdemokratischen Regierung befreit hat‹. Es ist unbeschreiblich schmerzlich, dass das alles im Namen des Sozialismus geschieht. Nein, nein, das kann doch nicht stimmen! ... Man sah bei uns, dass nur der wahre Sozialismus uns Trost und Freude bringen könnte, und auch heute verlieren wir nicht die Hoffnung, denn wir glauben an Gerechtigkeit des Sozialismus ... Die Freunde aus Westeuropa werden ihre Hilfe unserem blutenden Volke nicht versagen ...«

Mit diesem Schmerzensschrei aus der gequälten Brust eines der Vergewaltigten schließe ich meine Zeilen, hoffend, dass sie erreichen werden, was ihr Zweck ist: die hiesigen Genossen mit den Freuden und Leiden ihrer georgischen Brüder etwas vertraut gemacht und sie dadurch ihrem Herzen näher gebracht zu haben.

Fahrt nach Belgrad

Seit langem eine Pandorabüchse
voller Gefahren für Europas Ruhe und
Frieden, war die Balkanhalbinsel doch,
auf Land und Leute angesehen, vielfach
minder gekannt als mancher asiatische oder
afrikanische Strich.
Hermann WENDEL: **Südslawische Silhouetten**

Immer schon war es mein Wunsch gewesen, den Balkan zu besuchen. Mit Freuden nahm ich daher die liebenswürdige Einladung unseres Genossen Topalovic an, eine kleine Reise, die ich wegen Familienangelegenheiten nach Kroatien unternehmen musste, bis Belgrad auszudehnen. Genosse Topalovic holte mich, auf der Rückreise von den Genfer und Prager Konferenzen, Mitte Juni in Wien ab.

Unsere Reise führte uns zuerst nach Warasdin, einem sauberen, wohlgepflegten Städtchen mit schönem großen Park, steinernem Theater, das allerdings momentan nur ein Kino beherbergt. Kirchen und Kasernen beherrschen das Stadtbild. In dem Bahnhof, wie auch in der Stadt und erst recht im Hotel, kann man sich ohne jede Schwierigkeit deutsch verständigen, und zwar ist der österreichische Dialekt unverkennbar. Und nicht nur der Dialekt, sondern auch die Küche ist gut österreichisch geblieben, wie die zweisprachige Speisekarte uns zeigt.

Um fünf Uhr morgens konnten wir schon unsre Fahrt fortsetzen und kamen gegen sieben Uhr in Ivanec an, wo uns nach einem arbeitsreichen Tage eine Überraschung zuteil wurde.

Es tauchte nämlich in dem weltverlorenen Nest ganz unerwartet ein jugoslawischer Genosse auf namens Hentsch, früher langjähriger Redakteur unseres Esseger Parteiblattes, dem eine sympathiesierende Seele die Nachricht von Topalovic' Ankunft in Ivanec mitgeteilt hatte. Spornstreichs war er aus Klenovnik, einem Nachbarort, herbeigeeilt und ließ nicht locker, ehe er uns auf seinem Wagen verstaut hatte, um uns in sein derzeitiges Domizil zu bringen. Mit diesem hat es nämlich eine eigene Bewandtnis: Klenovnik ist ein altes, im Jahre 1660 erbautes Schloss, das bis vor kurzem dem Grafen Bombelles, einer großen Persönlichkeit am ehemaligen Wiener Hofe, gehörte. Wenn ich nicht irre, war er Zeremonienmeister oder so etwas ähnliches beim Kaiser Franz Josef. Nun aber haben sie jugoslawischen Krankenkassen das Schloss, den Park und die dazu gehörige Ökonomie erworben und sind dabei, aus dem riesigen, alten Kasten ein modernes Erholungsheim für tuberkuloseverdächtige Arbeiter zu machen. In dem wundervollen alten Park werden von jetzt an nicht mehr die vornehmen Müßiggänger herumspazieren, sondern erholungsbedürftige Proletarier werden dort Kräfte zu neuer Arbeit sammeln. Klenovnik wird das vierte derartige Heim sein, das die rührigen, jetzt 453.000 Mitglieder zählenden Krankenkassen Jugoslawiens ihren Angehörigen bieten. Es wird sich würdig seinen Vorgängern Brestovac bei Zagreb (Agram), Kasindol bei Sarajevo und Rab (Insel Arbe) in der Adria anreihen. Dem Genossen Hentsch ist die schwierige, aber auch dankbare Aufgabe zugefallen, die Metamorphose aus einem ehemaligen Herrensitz, der oft nur einige Wochen im Jahre dem adeligen Herrenvolk zum Aufenthalt diente, in eine sich selbst versorgende Wohlfahrtsinstitution von unschätzbarem Werte zu bewerkstelligen. Und da er durchaus nicht nur ein Mann der Feder, sondern einer ist, der als ehemaliger Tischler von kleinauf auch mit dem Hobel gut umzugehen versteht, so werden er und sein Stab binnen kurzem das Wunder vollbracht haben und schon im übernächsten Herbst wird Klenovnik den müden städtischen Proletariern seine gastlichen Pforten öffnen.

Von Klenovnik zurück über Ivanec fuhren wir nach Agram, wo uns eine Reihe von Genossen erwarteten, mit denen wir einen angenehmen Abend verbrachten und die mich über die jetzigen Parteiverhältnisse in Kroatien unterrichteten. Am nächsten Morgen gaben sie auch noch das Geleite zum Zug, der uns in zehnstündiger Fahrt nach Belgrad bringen sollte.

Diese Fahrt bedeutete für mich eine neuerliche Überraschung, sobald wir serbisches Gebiet betraten. Auch dem Laien fällt sofort der Unterschied zwischen der kroatischen und der serbischen Bewirtschaftung auf. Trägt in Kroatien der kleine Bauer sowohl auf seinem Felde als auch auf seiner Person die ganze Misere des kleinbäuerlichen Betriebes zur Schau, so zeigt sich dem Auge in Serbien längs der Bahn auf der ganzen stundenlangen Fahrt der großbäuerliche Grundbesitz von seiner schönsten Seite. Zu beiden Seiten der Bahnstrecke dehnen sich ungeheure Felder, die in bunter Abwechslung mit Mais, Weizen, Rüben usw. bestanden sind und durch ihre tadellosen Kulturen das Auge erfreuen. Wo das Terrain zu feucht und also zum Bebauen mit Frucht ungeeignet ist, dehnen sich ungeheure Weiden, auf denen riesige Herden von schöngepflegten, wohlgenährten Schafen, Schweinen, Rindern und Pferden grasen. Die Landleute zeigen in ihrem Äußeren auch einen ganz andern Typus als die armen, verelendeten kroatischen Kleinbauern.

Es ist eben Feierabend, da wir die Strecke passieren, und von allen Seiten eilen nette kleine Bauernwagen den oft weit entlegenen Höfen zu, um die Arbeiter und die Geräte nach Hause zu bringen. Alle diese Fuhrwerke sind mit Pferden bespannt, auch ein Zeichen des Wohlstandes ihrer Besitzer. Ohne Unterbrechung dehnen sich diese reichgesegneten Felder längs der ganzen Bahnstrecke bis Belgrad aus.

Auf den Stationen herrscht überall reges Leben. Zahlreiche D-Züge verkehren, die Orientexpresszüge fahren zum großen Teil über diese Linie und der Lokalverkehr ist ein äußerst lebhafter.

Die lange Fahrt ist über Erwarten schnell zurückgelegt und schon sind wir in Semlin (jetzt Zemun), der früheren Grenzstadt zwischen Österreich und Serbien. Und da liegt auch schon im Lichterglanz Belgrad, das sich malerisch im weiten Halbkreis vor unseren Blicken aufbaut, dort, wo sich die beiden mächtigen Ströme der Donau und der Save vereinigen.

Der Zug passiert schon die gewaltige Eisenbahnbrücke, die Semlin mit Belgrad verbindet, und in wenigen Minuten sind wir am Ziele unserer Reise.

Der Bahnhof ist, besonders verglichen mit dem sich ganz großstädtisch präsentierenden von Agram, eine Enttäuschung. Wie denn Agram überhaupt eine der schönsten, bestgehaltenen Städte ist, der man es auch heute noch aus den ersten Blick ansieht, dass sie jahrzehntelang der Sitz der höchsten von Ungarn eingesetzten Behörden und der Winteraufenthalt des »allerhöchsten« Adels der verflossenen habsburgischen Monarchie war, der ringsumher im Lande auf seinen Schlössern thronte. Wie das Beispiel von Klenovnik zeigt, beginnen die Zeiten dieser Herrlichkeit der Vergangenheit anzugehören. Man muss also von vornherein darauf verzichten, zwischen Belgrad und Agram Vergleiche zu ziehen oder überhaupt Belgrad, das so lange unter der alle Kultur ertötenden Türkenherrschaft gestanden, mit demselben Maßstab zu messen, den man an andre Städte anlegen würde, die dasselbe räumliche Ausmaß und dieselbe politische Wichtigkeit besitzen.

Was sich vor allem beim Betreten Belgrads, buchstäblich genommen, schmerzhaft fühlbar macht, ist das geradezu fürchterliche Pflaster und überhaupt der entsetzliche Zustand, in dem sich die meisten Straßen befinden, abgesehen von einigen großen Hauptverkehrsadern, deren Straßenbilder sich allerdings in nichts anderem von denen der westlichen Großstädte unterscheiden, als durch die Buntheit der Typen und die Mannigfaltigkeit im Aussehen der Passanten. Auf einer kurzen Strecke Weges kann man neben eleganten Stutzern und überelleganten Dämchen, Frauen in der kleidsamen altserbischen Tracht, Montenegrinerinnen, Türken und Türkinnen, abgerissene Bäuerlein und vor allem zahlreiche grell, aber ungemein liederlich gekleidete Zigeuner antreffen. Hat man sich jedoch mit den Übelständen abgefunden, die sich nicht nur dem Fremden unliebsam ausdrängen – fürchterliche Staubentwicklung bei trockenem und knietiefer Morast bei nassem Wetter, in jedem Fall aber ein höchst mühsames Vorwärtskommen –, so kann man beobachten, dass man allerorts eifrig bemüht ist, zu bessern und abzuhelfen. Eine rege Bautätigkeit hat eingesetzt.

Das neue Parlamentsgebäude, ein großangelegtes Bauwerk, geht seiner Vollendung entgegen, die medizinische Fakultät wird bald ihre in vier riesenhaften Gebäuden untergebrachten Räume beziehen und viele Bauten, die wissenschaftlichen und künstlerischen Zwecken dienen, sind mehr oder weniger weit vorgeschritten. Und neben den Arbeiten an diesen öffentlichen Gebäuden macht sich noch eine lebhafte private Bautätigkeit geltend. Ganze Viertel sind überall im Entstehen begriffen, leider anscheinend ziemlich planlos, so dass man das Gefühl hat, als könnte selbst der gewiegteste Städtebaukundige niemals Ordnung in dieses Chaos bringen und als müsste ein Gutteil dieser neuentstandenen Gebiete niedergelegt werden, wenn eine wirkliche Straßenregulierung je vorgenommen werden sollte. Besonders an der Peripherie der Stadt, die durch ihre Lage noch große Ausdehnungsfähigkeit besitzt, herrscht regelloseste Willkür. Große Gelände sind von ihren Besitzern infolge der wie überall, also auch in Belgrad, herrschenden Wohnungsnot zerschlagen und verkauft worden und diese Parzellen werden von ihren jetzigen Besitzern völlig planlos bebaut.

Dem bäuerlichen Charakter des Volkes entsprechend, trachtet jeder der etwa vom Lande nach Belgrad neu Zugezogenen nach einem Stückchen Boden, auf dem er dann ein ganz primitives Häuschen errichtet und das er oft unter unsäglichen Mühen bewirtschaftet. Fast alle diese kleinen Siedlungshäuser, die alles andre als schmuck oder wohnlich sind, leiden zum Beispiel an Wassermangel.

Beim Vorüberfahren kann man die Bewohner solcher Kolonien stets von weither in Krügen, Kannen und Eimern Wasser schleppen sehen. Von Kanalisation ist natürlich keine Rede. Auch ist die Entfernung von der Stadt und von den Arbeitsorten oft eine ganz gewaltige und bei dem Fehlen jeglicher Verkehrsmittel – die elektrische Trambahn verkehrt eigentlich, abgesehen von ganz wenigen Ausnahmen, fast nur im Innern der Stadt – und bei dem elenden Zustand der Straßen bedeutet das einen täglichen zweimaligen Marsch von mindestens je einer bis anderthalb Stunden, der entweder im Sonnenbrand bei schrecklichem Staub ober bei Regen und Schnee in nicht minder schrecklichem Morast zurückgelegt werden muss Aber die Leute nehmen alle Mühsal auf sich, wenn sie nur eine Scholle haben, die sie ihr eigen nennen dürfen. Sind sie doch fast alle, mögen sie nun kleine Beamte, Lehrer, Handelsangestellte oder kleine Gewerbetreibende sein, ländlichen Ursprungs und haben das heimische Dorf noch nicht vergessen.

Zweierlei fällt dem fremden Besucher auf, besonders wenn er, wie ich, aus Deutschland oder Österreich kommt: Einerseits sieht er mit Missvergnügen das viele Militär auf den Straßen Belgrads und im Zusammenhang damit die vielen Kasernen und anderseits berührt ihn wohltuend das fast völlige Fehlen der Geistlichkeit und der Kirchen. Ungleich seinen kroatischen Brüdern, die noch ganz in den Fesseln des Katholizismus schmachten und sich vom Pfarrer beherrschen lassen, will der Serbe von Religion nicht viel wissen und nimmt den Priester gar nicht wichtig. Blickt man von oben auf Belgrad herab, so taucht nur ganz vereinzelt hier und dort eine Kirchturmspitze empor und an die verflossene Türkenherrschaft mahnt eine einzige Moschee im türkischen Viertel.

Sonst aber fehlt es nicht an historischen Stätten. Da ist vor allem die gewaltige Festung, die fast unbeschädigt den letzten Anprall der Österreicher und Deutschen im Weltkrieg überdauert hat und ihre gewaltigen Mauern und Wälle trotzig bis an die Donau vorschiebt.

Da ist Topschidér mit dem einstigen königlichen Lustschloss, in dessen Park König Michael Obrenovic ermordet wurde. Da wird uns im Vorübergehen das jetzige Schloss gezeigt, das ebenfalls der Schauplatz einer blutigen Tragödie gewesen: Alexander, der letzte Obrenovic, mit seiner Gattin Draga sind dort der Verschwörung einer Offizierskamarilla zum Opfer gefallen. Jetzt herrscht dort Alexander Karageorgevic, der Sohn jenes Königs Peter, dem man nachsagt, er sei als Student in der Schweiz Sozialist gewesen und der auch in den Reihen unserer Genossen keine schlechte Nachrede hat. Um so weniger Sympathien hat man für den jetzigen König und seine Frau, die augenscheinlich den Lehren der Weltgeschichte wenig Verständnis entgegenbringen, einen äußerst kostspieligen Hofhalt führen und als hochmütig und dünkelhaft gelten.

Im Kalimegdan besitzt Belgrad einen sehr schönen Stadtpark, in dem man die Denkmäler der serbischen Dichter und Wissenschaftler und die Sockel der Statuen besehen kann, die einst dort für die Habsburger errichtet waren. *Sic transit gloria mundi!*

Eine schöne abendliche Fahrt auf der Donau brachte uns nach Semlin, das durch seine Sauberkeit, gute Pflasterung und Ordnung einen höchst angenehmen

Eindruck macht. Diese ehemalige Grenzstadt ist zu einem der Geschäftsviertel von Belgrad geworden und wirkt auch heute noch wie eine altösterreichische Stadt.

In Belgrad besuchte ich noch das stattliche Theater, wo die russische Oper **Die Zarenbraut** von RIMSKI-KORSAKOW in guter Aufführung gegeben wurde, und sah ein serbisches Volksstück voll köstlichen Humors. Dann aber neigte sich die Zeit meines Aufenthalts ihrem Ende zu.

Nach dem alten Sprüchlein, dass das Beste zuletzt kommt, erübrigt mir nur, diese flüchtige Schilderung meiner Eindrücke damit abzuschließen, dass ich von den Menschen spreche, mit denen mich meine kurze Reise zusammenbrachte.

Da waren vor allem meine Gastgeber, das Ehepaar Topalovic, allen westeuropäischen Genossen wohlbekannt als die würdigen Vertreter der serbischen sozialdemokratischen Partei in der Internationale, zugleich aber auch zwei typische Repräsentanten des serbischen Volkes, dieses begabten, leicht auffassenden, vorwärtsstrebenden, bildungshungrigen, aber auch eminent bildungsfähigen Menschenschlages, bei dem sich mit all den genannten Eigenschaften auch noch angeborne Herzensgüte, Liebenswürdigkeit und eine Gastfreundschaft paaren, die an den nahen Orient gemahnen.

Neben ihnen muss ich noch den Genossen Kovac nennen, der in der verflossenen Legislaturperiode neben dem früh verstorbenen Genossen Buksek die jugoslawische Sozialdemokratie in der Skupschtina vertrat. Kovac ist leider durch eine lähmende Krankheit an jeder körperlichen Bewegungsfreiheit gehemmt, geistig vermag er sich jedoch nach wie vor für die Partei zu betätigen. Ein Besuch bei ihm zeigte mir, dass er alle Vorgänge in der Internationale auf das genaueste verfolgt.

Der festliche Abend, den unter Topalovic' Vorsitz die serbischen Genossen mir zuliebe veranstalteten, bildete den Höhepunkt meines Aufenthalts. Es waren etwa 120 Funktionäre erschienen, von denen mich ein gut Teil deutsch begrüßte, und von denen nicht nur die zahlreichen Intellektuellen, die wie die meisten Serben ihre Vorbildung im Ausland erhielten, sich als gute Kenner der sozialistischen Literatur erwiesen. Aus allen ihren Reden klang soviel Anhänglichkeit, dass mir warm ums Herz wurde und ich, wie so oft schon, in fremden Landen auch dort das beglückende Gefühl hatte, inmitten von Brüdern zu weilen. Und noch etwas Erfreuliches gab mir dieses Beisammensein: Trotzdem bekanntlich unsere Partei in ganz Jugoslawien in die Defensive gedrängt ist, trotzdem die letzte Wahl keinem einzigen unserer Kandidaten zum Siege verhalf, macht sich nirgends auch nur der leiseste Pessimismus geltend. Wie überall, hat auch in den jugoslawischen Ländern der Kommunismus sein frevles Spiel mit der Sache der Arbeiter getrieben, aber wie überall, erwachen auch dort die proletarischen Massen zur Erkenntnis, dass die kommunistische Taktik sie nur ins Verderben führt.

Uns stellen heute unsere führenden Genossen in Jugoslawien ein Offizierskorps dar, dessen Armee dezimiert erscheint, so lassen sie dennoch den Mut nicht sinken und arbeiten unentwegt daran, ihre versprengten Kaders zu sammeln und die Organisationen in ihrer früheren Stärke wiederherzustellen. Und dass ihnen dies gelingen wird, dass der momentanen Depression wieder erneuter Ausstieg folgen wird, dafür bürgen die Zähigkeit und der feste, trotzige Wille zum Siege, der unsere jugoslawischen Genossen und Brüder auszeichnet, von denen man sich mit Unrecht in den Ländern Westeuropas oft ein so falsches Bild macht. Ist es mir gelungen, die Leser durch meine Zeilen eines Besseren zu belehren, so habe ich damit nur einen geringen Zoll meiner aufrichtigen Dankbarkeit für die in ihrem schönen Lande verlebten Tage entrichtet.

Zaristisches Russland und Sowjetunion

Politische Gefangene im zaristischen Russland

In der vorigen Woche tagte im Blüthner-Saal in Berlin eine Versammlung von ernsten Menschen aus allen Kreisen, Angehörigen der verschiedensten Parteien, die gekommen waren, ihre Stimmen zu einem flammenden Protest zu erheben gegen Gräuel von einer Schändlichkeit, wie sie in den grauesten Zeiten des Mittelalters nicht raffinierter ersonnen worden sind.

Seit Jahren schon beschäftigt sich die internationale Sozialdemokratie mit dem grausamen Schicksal der Opfer des Zarismus, mit jenen Unglücklichen, die, auf russischer Erde geboren, es nicht mitansehen konnten und wollten, dass ihr Land nach wie vor aller Segnungen der Kultur entbehre, die ein freies, menschenwürdiges Dasein für alle ihre Volksgenossen erstrebten und denen »Mütterchen« Russland dafür in der Weise dankt, dass es sie entweder wie gehetzte Tiere von einem Winkel des großen Reiches in den anderen treibt oder sie lebendig in seinen Kerkern begräbt. Und diese Kerkerschmach, die wie ein eiterndes Geschwür am Körper Russlands zehrt, weiten Kreisen in Wort und Bild vorzuführen hatte sich der »Deutsche Hilfsverein für die politischen Gefangenen und Verbannten Rußlands« zum Zwecke gesetzt, als er diese Versammlung einberief. Der Publizist Ulrich Rauscher entrollte vor unseren entsetzten Augen und Ohren eine Tragödie, wie sie Dante in seiner »Hölle« nicht grausiger schildern kann. An der Hand von amtlichen Zahlen, Belegen und Dokumenten wie auch von authentischen Privatbriefen aus den Gefängnissen entwarf er eine Schilderung der modernen russischen Gefängniszustände, die trotz ihrer gedrängten Kürze eine ungeheure Fülle von Anklagematerial enthielt. Dabei ersinnt die russische Regierung, wie der Vortragende später zeigte, immer neue Martern zur Peinigung ihrer Opfer, die an Scheußlichkeit alles vorher Dagewesene überbieten.

Ausgehend von der entehrenden Leibesvisitation folgen wir dem Vortragenden zum ersten Arrestlokal, sehen wie die Opfer, an Händen und Füßen mit den schweren eisernen Ketten gefesselt, ihren Leidensweg in die Gefängnisse antreten müssen, keine Minute sicher vor den rohen Misshandlungen der entmenschten Soldateska. Die gewaltige Schlüsselburg, das unheimliche Kreuzgefängnis, die grausenerregende Peter-Paul-Festung steigen im Bilde vor uns auf, wir sehen das trostlose Innere der Zellen, wir hören von den Schreckensorten, Karzer genannt, wir schauen die sogenannten »Käfige«, in denen die Gepeinigten sage und schreibe zweimal im Jahre – zu Ostern und zu Weihnachten – je fünf Minuten an die freie Luft dürfen. Wahrlich, wenn irgendwo, so passt als Inschrift über den Toren russischer Gefängnisse das Dichterwort: »Du der du eintrittst, lass die Hoffnung draußen.«

Und doch gibt es »aufgeklärte« Kriminalisten in Westeuropa, die von solchen Anstalten noch Gutes zu berichten wissen, wie der Staatsanwalt Wolffen in Leipzig, der dem Kreuzgefängnis eine Lobrede hält, offenbar weil man ihm nach berühmten 50 Potemkinschen Mustern einige Renommierzellen gezeigt, sich aber wohlweislich gehütet hat, ihn in die berühmten Karzer hineinzuführen.

Die genannten Gefängnisse beherbergen jene Unglücklichen, die nicht dem Lose der Deportationen verfallen – wir wagen nicht zu entscheiden, welches das härtere Schicksal zu nennen ist. Erzählt uns doch der Bericht, dass bei der ersteren Kategorie die Zahl der im Kerker Erschossenen oder Gehängten, der Selbstmörder oder wahnsinnig Gewordenen und der nach der endlichen Entlassung unheilbarem Siechtum Verfallenden kaum geringer ist als die Zahl der Opfer unter den nach Sibirien Verschickten.

Dennoch will es uns fast scheinen, als sei die Hoffnungslosigkeit für jene, die im europäischen Russland verbleiben, um einen Grad, um einen leisen Schimmer geringer als für die, deren Los die entsetzliche Reise in den sicheren Tod ist. Keine Feder vermag die Qualen dieser Ärmsten der Armen zu schildern. Man muss die Bilder sehen, auf denen die Gefangenentransporte, die ganze trostlose Öde der Landschaft, die primitiven Stationsgebäude festgehalten sind, um einen Begriff von all den Leiden und Mühen eines solchen Transports zu bekommen. Und ist das Ziel erreicht, so erwartet die Unglücklichen ein Leben, das nicht mehr den Namen Leben verdient, das nichts weiter ist als ein langsames, qualvolles Sterben, denn es ist ihm absichtlich jeder Inhalt genommen; hat doch Zar Nikolaus II. vor kurzem sogar verfügt, dass den Gefangenen in Sibirien, die bisher mit Weib und Kind beisammen sein durften, dies von nun an streng verwehrt sein soll, dass sie ihre Tage meist bei eisigen Temperaturen in tatenlosem Nichtstun hinschleppen müssen. Was kann, was muss der Abschluss sein für solche Qualen, die man Menschen auferlegt, die zur Blüte ihrer Nation gehören, die, zum großen Teil durch Beruf und Stellung an eine verfeinerte Lebenshaltung gewöhnt, den entsetzlichen Strapazen, dem andauernden Hunger, der Kälte, den verheerenden Krankheiten wenig Widerstand entgegenzusetzen vermögen? In zahllosen Fällen ist der Selbstmord der einzige Ausweg aus diesem Höllenpfuhl, in den die zarische Niedertracht Menschen zwingt, die das Beste gewollt, das Höchste angestrebt haben. Wenn uns daher, im Bilde festgehalten, der Leichnam des durch eigene Hand gemordeten Schriftstellers R..., oder des namhaften Nationalökonomen Sasanow, oder endlich – ein grausames Idyll — der Selbstmörderfriedhof von Kolymsk vorgeführt worden, so empfinden wir weniger ein Gefühl des Grauens als eines der Befreiung darüber, dass dem Menschen doch diese letzte Zuflucht nicht abgeschnitten, dieser letzte Hafen nicht versperrt werden kann, in den er das Wrack seines gepeinigten, misshandelten, geschändeten Körpers rettet und wo den bestialischen Grausamkeiten seiner viehischen Peiniger eine Grenze gesetzt ist. Grauenhafter als der körperliche Tod und das Ausgelöschtsein von der Tafel der Lebenden ist der geistige Tod und sind die unerträglichen Herabwürdigungen, die seelischen Martern, denen diese Hochgesinnten täglich, ja stündlich unterworfen werden. Für jeden Blick, der dem Offizier nicht gefällt, für jede Gebärde, die er übel deutet, regnet es Karzerstrafen, für ein Wort des Widerspruchs gibt es Peitschenhiebe, und mit Schaudern sehen wir im Bilde das Marterinstrument, die Knute, deren entsetzliche Wirkungen, die uns auf dem entblößten Rücken einer Frau und eines Mannes mit grauenvoller Deutlichkeit vor die Augen geführt werden.

Dem Kapitel, das von den »Frauen in der Verbannung« handelt, müssen wir noch einige Worte widmen. Zeigt uns doch ein Bild die rührenden Züge der Spiridonowa, deren grausiges Schicksal vor Jahren alle Herzen erschütterte und die jetzt, mit unheilbarer Kehlkopfschwindsucht behaftet, einem sicheren Tode entgegensiecht. Mit ihr teilt dasselbe Los Fanni Kaplan, die, im Kerker von Akutui erblindet, vielleicht noch zu retten wäre, wenn sie einer ärztlichen Behandlung zugeführt würde – aber wo gäbe es Ärzte für die Verfemten in Sibirien! Fehlt es doch an solchen in den Gefängnissen des europäischen Russland selbst. »Warum wir euch dorthin schicken?« sagte ein Beamter mit zynischer Offenheit, »weil man dort nicht leben kann!« Das Bild wäre nicht vollständig, vergäße man zu erwähnen, dass den jüdischen politischen Verbrechern separate Ansiedlungsrayons von ganz besonderer Unwirtlichkeit angewiesen werden, jenen Parias des russischen Reiches, auf die mit einer kleinen russischen Variation das Heinesche Wort passt: »Behaftet mit den bösen drei Gebresten, mit Armut Freiheitsdrang und Judentum.« Die Unbill, die den Juden in Russland zugefügt wird, zu schildern, erfordert ein Kapitel für sich, das den Rahmen dieses Berichtes weit überschreiten würde.

Was diese Versammlung zu einer bemerkenswerten stempelt, ist der Umstand, dass das Maß der Empörung auch bei vielen anständig denkenden Bürgerlichen so voll geworden ist, dass sie, trennenden Momente hintanstellend, Hand in Hand mit uns Sozialdemokraten sich zusammentun, beseelt von dem gleichen Bestreben, gegen diese Schmach des Jahrhunderts einen Vorstoß zu machen. Darum konnte Lizentiat Traub in seiner Einleitungsrede unter allgemeinem Beifall der deutschen Regierung ihre Sünden vorhalten, die nicht nur dem schändlichen Treiben Russlands ruhig zusieht, nein, die ihm auch noch Vorschub leistet, wenn sie den Ausweisungs- und Auslieferungsparagraphen so handhabt wie bisher. Darum konnte auch Traub allen denen, die etwa Angst bei dem Gedanken empfanden, dass der große Nachbar im Osten es als ungehörige Einmischung betrachten könnte, wenn sich Deutsche um seine inneren Angelegenheiten bekümmerten, wohl sagen, sie sollten unbesorgt sein, denn von jeher hätten Gefängnisangelegenheiten als internationale Angelegenheit gegolten. Dabei wies er auf den Engländer Howard, die Quäkerin Frey, den deutschen Arzt Haas hin, die tatenmutig auf diesem Gebiet in Russland vorangegangen seien. Wir vermissen allerdings hier den Hinweis auf Kennan, dessen Schriften in den Achtzigerjahren des vorigen Jahrhunderts so beispielloses Aufsehen in Westeuropa erregten. An der ehernen Stirn des russischen Despotismus war allerdings die Wucht dieser Anklagen wie Glas an granitenem Felsen zerschellt. Darum auch konnten der Zentrumsabgeordnete Pfeifer und Frau Minna Cauer ihre Stimmen mit der des Lizentiaten Traub vereinigen, als sie die Anwesenden baten, an ihrem Teil dazu beizutragen, dass

Wandel geschaffen werde in diesen unerträglichen Zuständen, und in warmen Worten an die Anwesenden appellierten, dem »Deutschen Hilfsverein für die politischen Gefangenen und Verbannten Rußlands« beizutreten, der es sich zum Ziele gesetzt hat, durch Aufbringung von Mitteln die krassesten Fälle von Not und Elend zu lindern. Amerika, England, Frankreich sind schon mit gutem Beispiel vorangegangen. Wenn es dem Verein auch hauptsächlich darauf ankommt, mit diesem Vortrag und den begleitenden Lichtbildern Propaganda für sich zu machen und möglichst viel Mitglieder zu werben, so wird doch unwillkürlich Hand in Hand damit eine Aufklärung der Massen, eine Aufrüttelung der Gemüter gehen, die wir nur freudig begrüßen können.

Russische Frauen von gestern und heute

Von vielen Seiten bittet man mich, über die Frauen in Sowjetrussland mich zu äußern, doch bin ich mir der Schwierigkeiten wohl bewusst, in dem engen Rahmen eines Artikels über dieses Thema schreiben zu sollen. Kann ich mich dabei doch nicht auf eigene Beobachtungen stützen, sondern nur auf Bücher und Zeugnisse anderer. Ich selbst habe, abgesehen von einer Reise nach Georgien und einem dreimonatigen Aufenthalt in dessen Hauptstadt Tiflis den Boden des russischen Reiches nicht betreten. Aber selbst wenn ich der immer wachsenden Schar jener Touristen angehörte, deren Reiseziel Russland ist, so brächte ich doch nicht wie so viele von ihnen den Mut auf, nach einigen dort verbrachten Tagen, Wochen oder Monaten, ohne Kenntnis der russischen Sprache, über dieses Land und seine Bewohner und Einrichtungen Urteile abzugeben, die nur dazu angetan sein könnten, Verwirrung zu stiften. Empfangene Eindrücke zu schildern, steht jedem Reisenden frei. Nicht angebracht erscheint es mir aber, wenn Schriftsteller ernst genommen werden wollen und deren Namen einen guten Klang in der ganzen Welt haben, oft nach ganz kurzem Aufenthalt in Russland über dessen ungeheuren Fragenkomplex Aufschlüsse zu geben sich berufen fühlen. Sie sind dazu oft um so weniger berechtigt, als ihnen meist die nötigen Vorkenntnisse fehlen, sowohl auf historischem wie auf ökonomischem Gebiete.

Geblendet durch all das Neue, Eigenartige, das sich auf Schritt und Tritt ihrem Auge darbietet, aus Mangel an Sprachkenntnis nicht imstande, sich auch nur über die geringste Kleinigkeit selbst zu informieren, und daher stets auf Dolmetscher angewiesen, deren Genauigkeit beinahe immer mindestens zweifelhaft ist, lassen sie sich dennoch verleiten, jene meist phantastischen Schilderungen in die Welt zu setzen, deren Enthusiasmus in so vielen Köpfen Unheil anrichtet.

Würden die Bernard Shaws, Theodor Dreisers, die Henri Barbusses, die Tollers und noch ungezählte andere Literaten unserer Tage, die sich dazu drängen, nach kurzem Aufenthalt an den verschiedensten Orten des Riesenreiches ihre nach oberflächlichen Informationen gesammelten touristischen Erfahrungen der staunenden Welt zu verkünden, sich Alfons Thuns Worte zu Herzen nehmen, gewissenhafter vorgehen, manche schiefe Darstellung, manche unwahre Schilderung, mancher leichtfertige Vergleich, manche unverantwortliche Behauptung bliebe ungesagt. Die Menschheit wäre bestimmt darob nicht ärmer und der Wahrheit geschähe mehr Ehre.

Nicht nur wir Sozialdemokraten von heute, auch die frühere Generation der westeuropäischen Sozialisten, war stets von heißem Interesse für Russland beseelt und studierte eifrig dessen politische und ökonomische Probleme.

Die russischen revolutionären Intellektuellen waren die ersten in der Welt, die den Frauen in ihren Reihen vollste Gleichberechtigung einräumten. Die Stimme der weiblichen Mitglieder all jener geheimen Zirkel, von denen uns die Geschichte des zaristischen Russlands berichtet, hatte ebensoviel Gewicht bei den Beratungen wie die ihrer männlichen Kollegen. Und galt ihr Rat, so waren sie auch bereit zur Tat. Und es waren Taten zu tun, die ein Ungeheures an Mut und Todesverachtung forderten.

Überall bildeten sich Gruppen von Verschwörern, anfänglich meist aus Intellektuellen bestehend, die voll Begeisterung der Losung folgten, »Ins Volk« zu gehen, um den elenden, ungebildeten, geknechteten Massen Aufklärung und Errettung aus ihrer Lage zu bringen.

In den Reihen dieser Intellektuellen finden wir zahlreiche Frauen aus den gebildeten Ständen, die als Lehrerinnen, Hebammen ober Feldschere von den

Städten aufs Land wandern, die schwersten Entbehrungen auf sich nehmen, den größten Beschimpfungen der rohen und unwissenden Bauern sich aussetzen und doch nicht erlahmen in ihrem heiligen Eifer für die gute Sache, der sie sich geweiht.

Wera FIGNER, deren herrliches Buch **Nacht über Russland** wohl den meisten unserer Frauen bekannt sein dürfte, erzählt in ihrer Selbstbiografie, dass sie und zwei ihrer Schwestern Mitglieder von verschiedenen revolutionären Organisationen waren.

Wir sehen also: Drei Schwestern, die aus hochangesehener Familie stammen – der Vater war Friedensrichter und Gutsbesitzer –, verlassen alle das Vaterhaus und nehmen das harte Los der Illegalen auf sich, denen täglich Gefängnis, Verbannung, ja oft der Tod droht. Und wie es Wera Figner machte, so handelten viele andere tapfere Frauen, von deren Heldentum uns die Geschichte des revolutionären Russlands berichtet. Unter ihnen ragen besonders hervor die Wilberg, die Kornilowa, Sophie Löschern, vor allem aber Jesse Helfmann, Sophia Perowskaja und Wera Sassulitsch.

»Die Dichter werden ihr keine Lieder widmen, die Geschichte nicht ihren Namen nennen, die Nachwelt ihr keine Erinnerung bewahren, und doch konnte ohne ihre Arbeit die Partei nicht existieren.« So schrieb STEPNIAK in seinem Werk **Das unterirdische Russland**, das unser Viktor Adler aus dem Englischen übersetzte, über Jesse Helfmann, die arme jüdische Näherin, die ihr Leben der revolutionären Bewegung weihte und Wunder an Hingebung und Selbstaufopferung vollbrachte. Trotzdem ihr Mann schon verhaftet und mit der Todesstrafe bedroht war, trotzdem sie im vierten Monat schwanger war, nahm sie die grausame Notwendigkeit auf sich, in ihrem Hause die Fabrikation von Bomben zu überwachen, die zum Zwecke eines Attentats auf den Zaren angefertigt wurden, bis auch sie das Schicksal aller Verschwörer ereilte und sie verhaftet wurde. Mutig stand sie vor ihren Richtern und gefasst nahm sie das Todesurteil hin. Vier volle Monate ließ man sie die Marter einer zum Tode Verurteilten und auf die Vollstreckung Wartenden erdulden und erst knapp vor ihrer Entbindung wurde ihre Strafe in lebenslängliche Verbannung umgewandelt.

Sophia Perowskaja entstammte der höchsten russischen Aristokratie. Sie war die Tochter eines hohen Beamten, zeitweiligen Gouverneurs von St. Petersburg, trat schon als 15-jährige Gymnasiastin in Beziehungen zu den Revolutionären, entfloh mit 16 Jahren aus dem elterlichen Haus, da sie den kleinlichen harten Vater hasste, der die geliebte Mutter und die ganze Familie tyrannisierte und Sophie den Umgang mit ihren Freunden verbot. Sie geht sogleich »Ins Volk«, zuerst als Volksschullehrerin, dann als Impferin von Dorf zu Dorf, wird 19-jährig verhaftet, aber gegen eine Bürgschaft von 5.000 Rubel freigelassen, worauf sie zuerst bei einem Arzt in die Lehre geht und nachher die Schule für Feldschere besucht. Sie erhält das Diplom und kann nun ihren Beruf ausüben.

Unter dem Deckmantel einer Feldschere oder Ärztin betreibt sie weiter revolutionäre Propaganda, wird in einen Prozess verwickelt und neuerlich verhaftet. Obgleich freigesprochen, soll sie administrativ verschickt werden; es gelingt ihr aber zu entfliehen und sie kehrt ruhig nach Petersburg wieder zurück, um weiter zu agitieren. Außerordentliche Geistesgaben, große Kaltblütigkeit, gepaart mit Kühnheit und Furchtlosigkeit, eiserne Selbstdisziplin, strengste Verschwiegenheit sind die Eigenschaften, die sie wie seine Zweite zu der Aufgabe befähigen, unterirdische Propaganda zu betreiben. Sie ist die geborene Verschwörerin, dabei eine zarte liebliche Erscheinung voll Sanftmut und Herzensgüte, geliebt von allen, die mit ihr in Berührung kommen.

Im berühmten Prozess der »193« wird sie zur Verschickung in die nördlichen Provinzen verurteilt, entflieht wieder und nimmt von neuem an verantwortungsreichster Stelle an der Bewegung teil, in der nun etwa um das Jahr 1870 der individuelle Terror in die Erscheinung tritt.

Auch in der terroristischen Organisation erlangt sie bald denselben Einfluss wie vorher. Die schwierigsten Unternehmungen, die gefahrvollsten Posten werden ihr anvertraut. Das Attentat auf den Zaren Alexander II., dem er am 13. März 1881 zum Opfer fiel, war mit das Werk dieser heldenhaften Frau, die erhobenen Hauptes und ohne zu zagen fünf Wochen später in den Tod ging. Mit vier Mitverschwörern wurde Sophia Perowskaja am 15. April 1881 gehenkt.

»Kibaltschitsch und Scheljaboff waren sehr gefasst, Michailoff war bleich, aber ruhig. Rissakoff totenblass, Sophia Perowskaja zeigte außerordentliche moralische Stärke. Ihre Wangen waren sogar rosig gefärbt, ihr ernstes Gesicht war voll Mut und stillen Friedens, schlicht und ohne jede Pose ging sie festen Schrittes dahin ...« So schilderte der Korrespondent der bürgerlichen ***Kölnischen Zeitung*** die Hinrichtung, deren schaudernder Zeuge er war.

Dieselben Charakter, wie sie Sophia Perowskaja besaß, zeichneten Wera Sassulitsch aus. Kaum 16 Jahre alt, diente sie schon der revolutionären Bewegung. Der berühmte und berüchtigte Nihilist Netschajew benützte ihren Namen als Deckadresse für seine geheime Korrespondenz, was ihr zwei Jahre Untersuchungshaft und endlose Verschickungen und Verbannungen in verschiedene nördliche Gouvernemente einbrachte. Sie ertrug alle Strapazen mit stoischem Gleichmut, studierte und agitierte unter den widrigsten äußerlichen Verhältnissen, bis es ihr gelang, nach Petersburg zu entfliehen. Dort verbrachte sie die entscheidende Tat ihres Lebens: Am 24. Januar 1878 schoss sie auf den Polizeiminister von Petersburg Trepoff, der sich durch seine unerhörte Brutalität und Grausamkeit gegen die revolutionäre Jugend den Hass aller freiheitsliebenden Elemente zugezogen hatte. Und ein Wunder geschah, ihr Prozess vor den Geschworenen endete mit einem Freispruch. So hinreißend in ihrer Wahrhaftigkeit, Ehrlichkeit und Reinheit war ihre Selbstverteidigung gewesen, so klar lagen die selbstlosen Motive ihrer Tat zutage, dass selbst der Staatsanwalt sich vor ihr beugte und erklärte, ihr vollkommenen Glauben zu schenken.

Nicht nur die ganze revolutionäre Jugend und die intellektuellen Kreise Russlands vergötterten sie als Heldin, auch das ganze demokratische Europa blickte voll Verehrung zu ihr empor.

Der Weltkrieg und die ihm folgende Revolution haben wie in andren Monarchien auch in Russland mit dem Kaiserreich aufgeräumt. Der Zarismus wurde hinweggefegt, auf seinen Trümmern schien eine demokratisch regierte Republik zu erstehen, der Traum der alten Revolutionäre schien in Erfüllung gehen zu wollen.

Aber es kam ganz anders als sie dachten. »Die Freiheit die sie meinten, die ihr Herz erfüllte«, war ihrem Lande nicht beschieden. In blutigen äußern und innern Wirren ward ein neuer Staat geboren, an dessen Spitze allerdings kein Zar mehr autokratisch regiert, in der aber eine kleine Minderheit ein nicht weniger diktatorisches Regiment führt, als es das zaristische Regime im alten Russland war. Wohl sitzen in der Regierung des neuen Russland viele von denen, die in unterirdischer Arbeit den Umsturz herbeiführen halfen. Aber wie haben sie sich umgestellt! Und wie so anders sehen die Grundsätze aus, die sie heute von Staats wegen lehren! Wo ist die Meinungs-, die Rede-, die Lehrfreiheit, die sie einst erkämpfen wollten? Nichts mehr von Selbstbestimmung, eiserner Zwang und Kadavergehorsam herrschen dort, wo einst ideal gesinnte Frauen und Männer ein demokratisches Reich aufzurichten hofften.

Das Wesen dieses neuen Russland auch nur annähernd zu schildern, auf das sich heute im brennenden Interesse die Augen der Arbeiterschaft der ganzen Welt richten, ist nicht die Aufgabe dieses Artikels und kann es nicht sein. Was hier untersucht werden soll, ist die Frage, wie die Revolution auf Russlands Frauen gewirkt hat.

Darüber scheinen sich wie über das Leben in Russland überhaupt in vielen Köpfen merkwürdige Legenden gebildet zu haben. Man bekommt hier und da den Eindruck, als glaubten manche naive Gemüter, die heutige Russin sei ein völlig anderer Mensch geworden, total verschieden von ihren westlichen Schwestern, ein Wesen aus einer andern Welt.

Sehen wir näher zu, so entdecken wir, dass dem durchaus nicht so ist.

Wir müssen uns dabei vor Augen halten, in welchem Maß die Frauen aller Länder durch den Weltkrieg und seine Folgen revolutioniert wurden. Überall, wohin wir blicken, sehen wir ein neues Geschlecht heranwachsen, das durch den Sport gestählt wird, und das Schöne daran ist, dass der Sport jetzt nicht mehr wie einst nur von den »oberen Zehntausend« betrieben wird, sondern dass auch die weibliche Arbeiterschaft ihn ausübt. Die jüngeren Arbeiterinnen turnen, schwimmen, ringen, treiben Ballspiele, werfen Speere, schwingen Fahnen mit derselben Meisterschaft wie ihre männlichen Kollegen, und wenn erst die mörderische Krise mit ihrem Gefolge von Unterernährung und Hunger vorbei sein wird, werden diese Leibesübungen noch mehr als heute Körper und Charakter, kurz das ganze Wesen der Frau günstig beeinflussen.

Außerdem aber sahen und sehen wir, dass auch Frauen, deren Entwicklungsgang bereits abgeschlossen schien, durch die ökonomischen Verhältnisse während des Krieges und nach demselben sich völlig umstellen mussten, wie sie in Berufe gedrängt wurden, wie sie zu Schlossern, Schmieden usw., kurz zu Schwerarbeiterinnen, zu Schaffnerinnen, Wagen- und Lokomotivführerinnen auf Tram- und Eisenbahnen usw. wurden.

Mit dem Ende des Krieges hat in den kapitalistischen, von der Krisis schwer heimgesuchten Ländern dieser Prozess ein Ende genommen. Sind doch heute Millionen und aber Millionen von Männern aller Berufe arbeitslos, um wieviel mehr sind da die Frauen zum Feiern verurteilt. Und hier macht sich augenblicklich allerdings ein Unterschied zwischen Russland und der übrigen Welt geltend. Erstens gilt in Russland für die Frau grundsätzlich die gleiche Forderung wie für den Mann: »Wer nicht arbeitet, soll auch nicht essen«, und zweitens bedarf der Fünfjahresplan, der in wahnsinnigstem Tempo Russlands Industrialisierung zuwege bringen soll, aller Hände der Werktätigen in Stadt und Land und macht natürlich auch vor der Frau nicht halt, selbst wo es sich um die schwerste physische Arbeit handelt. Die Frauen finden Beschäftigung als Erdarbeiterinnen, Lastträgerinnen, Sägerinnen bei der Waldabholzung, sogar in Bergwerken unter Tag usw. Dass die russische Bäuerin von jeher wie ein Lasttier in der Landwirtschaft schuften mussten, ist keine neue Erscheinung, übrigens auch keine für Russland charakteristische, denn die Kleinbäuerin und die Landarbeiterin sind allerorten eine der geplagtesten Frauen auf dieser Welt. Abgesehen von der Schwerarbeit hat die russische Frau dieselben Betätigungsmöglichkeiten wie überall anderswo: in allen typischen Frauenberufen als Schneiderin, Modistin usw., als Stenotypistin, Sekretärin, Verkäuferin, Hausgehilfin (die sich angeblich sogar bessergestellte Schwerarbeiterinnen leisten können) usw.

Was die Intellektuellen betrifft, so können die Frauen jetzt natürlich mehr Ämter bekleiden, als die unter dem Zarismus möglich war. Betonten wir doch eingangs schon, dass die Wertung der Frau in russischen intellektuellen Kreisen stets eine ungleich höhere war als in andern Ländern. Und das hat sich auch unter dem Regime der Bolschewiki erhalten. Es gibt jetzt in Russland Frauen in einflussreichen Stellungen. Wir sehen Alexandra Kollontay auf dem wichtigen Posten einer Botschafterin zuerst in Tokio, dann in Oslo. Wir erfahren von aktiven Befehlshaberinnen in der Armee, in der Flotte. Wir wissen von Frauen in Ministerien als Leiterinnen von Museen und Akademien. Aber wir müssen immer wieder betonen, dass auch andere Länder ihren Frauen schon die höchsten Positionen eingeräumt haben. In manchen amerikanischen Staaten fungieren Frauen als Gouverneure, als Friedensrichter, sogar in den Senat wurde jüngst eine Frau gewählt. Als Dänemark das erste sozialistische Ministerium bekam, wurde eine Frau, unsere unvergessliche Nina Bang, ins Unterrichtsministerium berufen, das sie vorbildlich leitete. Wir sahen in England Genossin Margaret Bondfield als Arbeitsminister. Wir sehen seit dem Weltkrieg und nach dem Umsturz, der den Frauen das aktive und passive Wahlrecht in zahlreichen Ländern brachte, in deren Parlamenten jetzt überall Frauen als Abgeordnete aller Parteien. Besäße das heutige Russland noch die demokratische Einrichtung einer Duma, wie dort die vom Zaren ertrotzte Volksvertretung hieß, kein Zweifel, die Zahl der weiblichen Mitglieder würde der der männlichen die Waage halten.

Auf einem Gebiet erfreuen sich die russischen Frauen allerdings einer Ausnahmestellung im Vergleich zu ihren Schwestern in anderen Ländern: Sie genießen das Vorrecht, in die rote Armee als Soldaten eintreten zu dürfen, werden im Gebrauch der Waffen unterwiesen und können als sogenannte »Milizionärinnen« im Heer dienen und gleich ihren männlichen Kollegen auf der militärischen Stufenleiter emporsteigen. Ob wir westliche Sozialdemokraten sie darum zu beneiden brauchen, steht dahin.

Ein qualifizierter Facharbeiter, der eben aus Russland zurückgekehrt, wo er, wie er sagt, nicht zum »Schauen«, sondern zum Arbeiten war, schreibt in der deutschen sozialistischen Presse folgendes: »Es ist ein gar zu komisches Bild, uniformierte Frauen mit geschultertem Gewehr durch die Straßen schreiten zu sehen. Keinen Blick schenken sie ihrer Umgebung. Kalt, hart und streng sind ihre Mienen, man muss Furcht vor ihnen bekommen. Schon in den Grenzstationen finden sich Frauen mit den Kontrolle beschäftigt. Sie wie alle bei der Miliz sind fanatische Kommunistinnen. Lachen ist ihnen fremd, wie man überhaupt in Russland keine Heiterkeit findet ...«

Mehr als anderswo macht sich in Russland das Streben der modernen Frau geltend, sich außerhalb des engen Bezirkes ihrer Häuslichkeit zu betätigen. Die Ursache für diese überall zutage tretende Erscheinung ist psychologisch unschwer zu erklären. Mit dem erwachten Selbstbewusstsein geht natürlich Hand in Hand ein ungeheurer Selbständigkeitsdrang.

Während des Krieges haben Millionen Frauen am eigenen Leib erfahren, was sie selbst zu leisten imstande sind, wenn sie sich fest auf die Füße stellen. Dazu kommt in Russland, wie wir schon erwähnten, der große Bedarf an Arbeitskräften und der Zwang, der physisch und unmoralisch auf Männer und Frauen ausgeübt wird, um sie zur Arbeit zu pressen.

Soll es doch als eine Schande gelten, die angeprangert wird, wenn jemand sich der Kollektivarbeit entzieht. Es wird berichtet, dass der Staat alles Erdenkliche tun soll, den Frauen den Dienst an der Öffentlichkeit zu ermöglichen und zu erleichtern. Bis ins kleinste Dorf soll sich seine Fürsorge für die Kinder erstrecken. So soll die junge Bäuerin ihr Kleines. statt es aufs Feld mitschleppen zu müssen, in der Säuglingskrippe deponieren können, soll für Mann und Kinder das Essen nicht täglich zu bereiten brauchen, da ihr die Küche der Kommune diese Arbeit abnehmen soll. Unablässig soll ihr auch durch Belehrung und Plakate der Wert und die Wichtigkeit von Sauberkeit und Hygiene eingehämmert werden. Ich sage »soll«, denn es ist bei dem Mangel an Mitteln im Sowjetstaat und bei der unvorstellbar großen Ausdehnung des Riesenreiches nicht möglich, dass diese Maßnahmen sich wirklich bis ins »kleinste Dorf« erstrecken, mag der Wille dazu auch vorhanden sein. Und bei der älteren Dorfbewohnerin ist wohl ohnehin Hopfen und Malz verloren, die stemmt sich gegen alle diese »Neuheiten«. In den Städten setzen sich solche Errungenschaften natürlich leichter durch.

Einen unleugbaren Vorsprung haben die russischen Frauen vor denen der westlichen Länder in einer lebenswichtigen Frage: Es gibt für sie keinen Paragraphen 144 (wie in Österreich) oder 218 (wie in Deutschland) mehr. Kein kurzsichtiges Gesetz zwingt sie zur heimlichen Abtreibung der Leibesfrucht. Wohl dürfen Privatärzte keine Eingriffe vornehmen, aber auf jeder öffentlichen Klinik darf jede Frau kostenlos einen Abortus herbeiführen lassen, wenn sie dem Arzt einen stichhaltigen Grund für ihr Verlangen angeben kann, Unmöglichkeit, das Kind zu erhalten, Krankheit u. a. m. Bekommt sie daraufhin ein Attest vom Arzt, so gibt ihr der Ortssowjet eine amtliche Bescheinigung und sie wird auf der Klinik von einem Spezialisten behandelt und noch wenigstens eine Woche kostenlos im Spital verpflegt. Als eine weitere Errungenschaft im neuen Russland wird stets die Leichtigkeit gerühmt, mit der dort Ehescheidungen und Wiederverehelichungen vorgenommen werden können. Abgesehen davon, dass das keine russische Spezialität ist, denn manche Staaten Amerikas schlagen darin jeden Rekord, so ist es auch noch sehr fraglich. ob dadurch ein größeres Maß von persönlichem Glück geschaffen wird.

Mag sein, das gilt vom städtischen Intellektuellen. Wer aber vermag die Gefühle der Millionen und aber Millionen bäuerlicher Liebes- und Ehepaare zu kontrollieren, die in dem russischen Riesenreich heute wie vor Jahrhunderten oder wie zur Zeit eines Dostojewsky oder Tolstoi ihr Dasein fristen und trotz Elektrizität und Radio in Schmutz und Elend vegetieren müssen, weil ihnen das notwendigste zum Leben fehlt, jetzt mehr als in der Vorkriegszeit? Denn darin stimmen alle Berichte überein, dass das Leben in Russland ungeheuer schwer sei.

Und auf den Schultern der Frau lastet zum größten Teil diese Schwere. Die unendlich mühsame Beschaffung der Lebensmittel, das Fehlen so wichtiger

Gebrauchsgegenstände, das Schlangenstehen vor den Läden, die Wohnungskalamität, die auf kleinstem Raum nicht nur ganze Familien, sondern Angehörige verschiedener Familien zusammengepfercht, der Mangel an Koch- und Waschgelegenheiten, das alles erschwert das Leben besonders für die Frau und macht aus ihr durchaus kein beneidenswertes Wesen. Freilich gibt es zahlreiche Bevorzugte, die von dieser Misere nicht oder bedeutend weniger betroffen werden. Das sind vor allem die Mitglieder der Kommunistischen Partei. Zwar bilden sie nur eine Oberschicht – etwa 2 Millionen von 160 Millionen Einwohnern Russlands –, aber sie herrschen und genießen alle Vorzüge der herrschenden Klasse. Kein Wunder, dass sie, von ihrer Machtvollkommenheit berauscht, sich für alles begeistern, was in Russland geschieht, und auf alles andere mit Verachtung herabsehen. Mit ihrem besondern Hasse verfolgen die Bolschewiki die Sozialdemokraten aller Länder, am meisten natürlich die russischen. Wie zur Zeit des Zarismus werden unsere Genossen jetzt gehetzt, verschickt und eingekerkert.

Die alte Freiheitskämpferin, Genossin Eva BROIDO, die Verfasserin des schönen Buches **Wetterleuchten der Revolution**, die es wagte, die russische Heimaterde wieder zu betreten, ohne aus ihrer sozialdemokratischen Gesinnung ein Hehl zu machen, schmachtete dort über vier Jahre im Gefängnis und ist nun nach Taschkent in Zentralasien verschickt. Wera Sassulitsch, die beim Ausbruch der Revolution freudig nach Russland geeilt war und ebenfalls nicht mehr umlernen konnte und wollte, eben weil sie ihren alten demokratischen und freiheitlichen Idealen treu blieb, musste vergessen und verlassen in Not und Elend ihre letzten Lebensjahre verbringen.

Die Breschkowskaja, das nun mehr als 85-jährige »Mütterchen der Revolution«, lebt im Exil in Prag. Für Frauen dieser Art ist kein Platz mehr im heutigen Russland. »Es lebt ein anderes denkendes Geschlecht«, das mit der Vergangenheit gebrochen hat, das rücksichtslos, von keiner Tradition beschwert, vorwärtsstürmt, das andern Göttern huldigt, andern Zielen zustrebt.

Gewiss sind auch im heutigen Russland die Frauen nicht ausgestorben, die jene geistige Stoßkraft besitzen, die wir an den Revolutionärinnen früherer Epochen bewundern. Die heutige Kommunistin kämpft bestimmt ebenfalls mit ernstem Wollen, mit unbeugsamer Energie für Ziele, die sich zwar nicht selbst zu setzen die Freiheit hat, sondern die ihr von »oben« dekretiert werden, für die sie sich aber fanatisch begeistert: technischer Fortschritt, Kollektivierung, Industrialisierung in rasendstem Tempo, das sind die Zauberfreuden, die ihr täglich, stündlich in die Ohren gellen und an die sie blindlings glaubt. Dafür nimmt sie die schwersten Opfer auf sich, dafür setzt sie alle Kräfte ein in der festen Zuversicht, ihr Land dadurch aus Hunger und Elend zum Wohlstand, aus tiefster Dunkelheit zum Licht zu führen.

Die Wege dahin sind andere, als die, die ihre Vorgängerinnen einschlugen. Ob sie zu jenem Ziele führen werden, das uns Sozialisten als der Sinn des Lebens erscheint: das Dasein freier, reicher, schöner, glücklicher zu gestalten? Die Zukunft wird es lehren.

Wir vermögen nur zu hoffen und zu wünschen, dass soviel Entbehren, soviel Opfermut nicht umsonst vertan seien, sondern dass über alle Hemmungen hinweg, die Terror und Diktatur heute dem Aufstieg in den Weg legen, auch über Russland dereinst die Sonne des wahren Sozialismus leuchtend emporsteigen möge.

Rotes Wien

Vienna under the Red Flag

With the increasing spread of Socialist ideas, with the ever growing influence of Labour Parties, both in England and on the Continent of Europe, Social-Democrats in many towns are placed at the head of their communities. Up till now, however, Vienna is the only city of over a million inhabitants where a Social-Democratic majority is governing.

In what follows it is endeavoured to show that Socialism knows how to ride once the opportunity presents itself of getting into the saddle.

To appreciate fully what the Vienna municipal administration has accomplished it is necessary to remember that it is only for a relatively short period that the Social-Democrats have been at the head of its affairs. Up to and during the World War they were by an unjust electoral law kept in a hopeless minority, viz., eight seats out of 165. The overthrow in 1918 increased the number of their seats to 100. Since then, by an electoral reform the membership of the Council has been reduced from 166 to 120; the Social-Democrats have held 78 seats against 42 of the Bourgeois Parties. At the first election after the overthrow, in May, 1919, the Social-Democratic Party obtaned 54.17 per cent, of the total votes polled in Vienna; at the last election (April, 1927) it polled 60.27 per cent., i.e., of about 1,150,000 electors, roundly 700,000 voted for Social-Democrats.

The new administration rests on the following basis: All men and women in Vienna have the vote when 20 years old. The city is divided into 21 districts, each, according to its population, returning so many members to the City Council; the full Council elects the mayor (burgomaster) and the aldermen, who to the number of 12 form the city senate. The administrative work is divided into eight groups or sections, according to its nature. For each section there is a Committee of the Council elected according to proportional representation. At the head of each committee there is an alderman selected from amongst the city senate by the Council and appointed for five years.

What adds considerably to the power of the mayor and municipality is the circumstance that Vienna, shortly after the overthrow, was by the clever policy of the Social-Democrats made a separate province of the Austrian Federal State, i. e., the city of Vienna has the status and power of a »Land.« This gives greater freedom and independence, and makes it possible to carry out a Socialist municipal policy, especially in matters of finance.

There were three great tasks which the municipality right from the beginning undertook to deal with: Housing, Social Welfare, Educational Reform.

Obviously, such a programme calls imperatively for money, money, and again money. How to get the funds required for the work to be done was the great difficulty. One must remember that when Social-Democracy attained power in Vienna, the Great war had created chaos in Europe, particularly so in Austria, which resembled a pile of broken potsherds without parallel in history.

The destruction of the old Austro-Hungarian State reacted naturally most strongly on Vienna, once the flourishing capital and chief residential town of a 50 million Empire now, by the dissolution of this Empire, threatened with utter ruin and desolation and called upon to transform itself into the chief town of a small and mainly agricultural country with six million inhabitants in all.

Instinctively, nearly the whole population in those days looked to the Socialist Party in which it saw the only possible saviour. But in what an horrible state the Socialists found the municipal economy! What a terrible inheritance to take over! An empty treasury not containing enough to meet even the most immediate and necessary expenditure, which in consequence of the inflation reached immense figures, combined with a system of local taxation, bearing heavily on the masses, by taxes on meat and other indispensable foodstuffs, and by heavy additional percentage increases of the State rent taxes.

Obviously, finance was the point where leverage had to be applied at once. And, fortunately, for this most difficult task of all a man was found in the person of the Social-Democrat, Hugo Breitner, formerly director of a bank, and one most brilliantly qualified for the job.

A new system of taxation had to be built up, by means of which every sort of luxury was to be taxed, for in those dreary days of an almost general poverty, any display of luxury was bound to irritate in the highest degree the hundreds of thousands ruined lives. The propertied classes were drawn upon so that the poor and needy might be helped as far as possible. The so-called luxury taxes were imposed, amongst others, entertainment tax, drink taxes for restaurants and cafes, tax on automobiles, tax on servants, if more than one is employed in the household, horse tax, dog tax. There was special taxation for hotels and sanatoria, for posters and advertisements, a tax on water supplied by the city, and an impost for the fire brigade. Finally, the so-called welfare tax was introduced, under which employers of labour pay 4 per cent, (banks 8½ per cent.) of the wages of each employee and worker in their service. It is this welfare tax and the luxury taxes which have roused the ire of the propertied classes, and against which they never cease tilting.

The municipality also raises a land tax and a tax called dwellings' building tax, the importance of which will be discussed later on. All taxes are collected with the greatest punctuality and severity, which keeps alive the hatred against the Social-Democratic Government, for your middle-class Austrian was always a reluctant and bad payer of taxes, with no morals whatever as to his obligations. But all attacks, calumnies and threats arc without effect upon the iron persistency of our Viennese »Snowden.«

Only by this fiscal system has it been possible for the city of Vienna to carry out those great measures which have earned it the proud position of being the first Socialist community to have realised a piece of Socialism on a large scale.

Housing Policy.

It was chiefly from the sums raised by the dwellings' building tax that the city derived the necessary resources for the boldly conceived policy which the housing misery brought to a head by the war made an imperative necessity. Already before the war the housing conditions for the mass of the inhabitants were very bad. The working class, the lower middle-class, and even large numbers ranking socially above them, had to content themselves with primitive small tenements, 90 per cent, of them simply one room and a kitchen. At best there were three small rooms per tenement. In the proletarian districts the water supply and the w.c.s were hardly ever inside the tenement, but on landings and lobbies, sometimes even in courtyards, and were used by all the inhabitants of the house, at best by all those living on the same floor. The state of things in the old houses defies description. It made some of them literally unfit for human beings. To alter these conditions was the task of the hour.

Up to the year 1922 there was no possibility, owing to lack of funds and building materials, to do very much in the way of building new houses, so that from 1919 to 1922 only about 4,000 new dwellings were provided by the City.

Only the dwellings' building tax, passed on February 1st, 1923, made a large scale programme possible. In September, 1923, the Vienna Council resolved to build 25,000 dwellings during the next five years. It took only four years, however, and in 1927 the Council sanctioned another five years programme of 35,000 dwellings, so that by 1932 there will be 60,000 small dwellings, besides about 4,000 community and settlement houses.

It is not only the number of dwellings which entitles the city to praise and thanks, but the new style of building adopted, so powerfully contrasting with the old erections because there is a new spirit at work, securing light and air and cleanliness for the proletariat.

It is quite true that in most cases the Council has had to build houses with several stories containing a number of flats, and one-family houses were built by the council in relatively few cases only. But these houses with several stories have large inner courts with garden plots, children's play grounds, paddling ponds, which in winter can be used as skating runs. The houses are provided with baths, central laundries or wash rooms. The water supply and the w.c.s are inside each dwelling, gas and electric current are available, so that the amenities of the new dwellings are far above what the old tenements offered. Those who have moved in from the old tenements say, again and again, that a new life has commenced since they were lucky enough to secure a dwelling in a Vienna city house.

Social Welfare.

Before even the child is born, any prospective mother, if without means of her own, has a claim on the help of the City of Vienna. She can apply at the proper centre and be examined, advised, helped free of charge, and receives, also as a gift, a complete set of baby's things (first outfit) for the new born babe. The City has established an institute called »Children's Reception Office«, where children even of the earliest age are received and can be taken, should mental affliction, material need, poverty, unemployment, moral debasement of parents or persons in charge, etc., threaten the healthy growing-up of the child. As to illegitimate children, the City's youth office is by law the supreme guardian. Growing illegitimate or neglected children are drafted to homes with schools attached, or are placed with families appointed and paid by the City, or, again, in the City's orphanages. The latest and largest children's home is located in a castle formerly belonging to the Habsburgs. When old enough the girls are trained in domestic work and specifically women's trades, the boys going to apprentices' homes.

As to sanitary measures, quite a number of new welfare institutions have been established: dental clinics, eye clinics, free baths for children, of which latter there are 18 at present, which last summer were frequented by 1¼ million children in all. A novelty of very beneficial effect is the apprentices' convalescent homes, at which in 1928 about 12,000 juveniles of both sexes sojourned for four weeks each.

Against the notorious Vienna disease (the people's name for bronchial tuberculosis) the city has waged a pertinacious and successful campaign. By large scale preventive measures, numerous welfare depôts and homes, the number of deaths from tuberculosis, which in 1909 were 5,593, and in 1918 9,036, have been brought down to 2,874 in 1928. Much has been done also against the epidemic diseases during the last 20 years by better hygienic measures and by building improvements, the reduction in this period being from 1,603 to 634. Taking deaths from all causes the figures are: 1909, 34,672;

1918, 51,497; 1928, 25,812. Finally, the city has not neglected the destitute old people, for whom pleasant asylums have been provided in which to spend the evening of their lives. And thus the proud promise given at the outset has been made good, viz., that the Socialist administration would make it its business to look after and guide with a strong hand suffering humanity from the cradle to the grave.

School Reforms.

It is clear that a Socialist community had to pay the greatest attention to the mental welfare of its members, besides looking after their bodily needs. Above all, the privilege of the propertied classes to monopolise the higher education has been abolished. It is now possible for capable children of working-class parents to pass from the elementary or primary to the secondary schools. From that it follows that the decision as to what career the youngster should go in for can be deferred from the tenth to the fourteenth year. In place of the old type of schools, where what was taught was learned by heart or rote, we have schools based on work, so that the subjects dealt with are really mastered and acquired. The old tedious readers, with their canting piety and Byzantine royalty worship, the terror of children, have been replaced by quite a new set of books, up to now about 100 in all, of literary value, and ranging from simple folk lore and fairy tales to the classics. Separate classes take mentally inferior children. There are also classes for children with difficulties of hearing or sight, deaf and dumb and blind children. On the other hand, there are special courses for highly capable children, in music, languages, practical laboratory teaching in chemistry and physics. In order to train teachers for all these new tasks, the City has not been sparing. It has established a pedagogic institute, at which about 100 lecturers teach over 3,500 students. An experimental psychological institute for scientific psychic research of children's minds is aggregated. The library has 130,000 volumes and offers about 400 pedagogic journals for reading. This is one of the best libraries of its special branch on the Continent.

Another feature to be mentioned is the parents' associations set up at each school, which together with the teaching staff can and do discuss school questions. The best proof of the value of all these reforms is furnished by the fact that a great many of the Vienna new departures have been copied in places in provincial Austria, even where opposition to Socialism is rife.

A good deal more might be said about the Vienna school system, its continuation and trade schools, its activities for the education of the people, for promoting sports, the help given to art and artists, etc., but that would make me exceed the space allowed. I hope, though, that my necessarily compressed expositions have succeeded in showing with what deep moral earnestness and with what high sense of responsibility the City of Vienna and the courageous and never-slackening men whom it has placed at the head of affairs have set about solving the problems, disregarding the yelping of opponents, the sneers of dissidents, and the poisonous hatred of the bourgeoisie, which with impotent rancour sees before its eyes the proletariat increasing in strength, mentally and physically.

Not in vain do representatives of the Labour Parties of all countries set out on the pilgrimage to this Red Vienna, in order to watch Socialist creative powers at work. Not in vain do they, when returned, tell their audiences they want to win over to Socialist constructive work of what Vienna has managed to do, for this Red Vienna is a source of self-confidence, power and hope for the proletarians of all countries.

Red Vienna, by the work done and by the success achieved, has shown what true Socialism can accomplish wherever realisation is made possible, and what an abundance of fruitful activities a Socialist future will bring forth.

Drucknachweise

Bruchstück einer Autobiographie

Erstdruck als: »Bruchstück einer Autobiographie Luise Kautskys«, in: Rosa LUXEMBURG (1950): **Briefe an Freunde**. Nach dem von Luise Kautsky fertig gestellten Manuskript, hg. v. Benedikt Kautsky, Zürich: S. 202–206.

Im Haupttelegrafenamt

Erstdruck als: »Im Haupttelegraphenamt. Erinnerung aus den Revolutionstagen«, in: ***Vorwärts***, Jg. 44 (1927), 204 (1. Mai 1927): S. 24.

Meine Rolle im Auswärtigen Amt

Erstdruck als: »Eine Abwehr«, in: ***Die Freiheit***, Jg. 1 (1918), 41 (7. Dez. 1918): S.2.

Mai-Erinnerungen

Erstdruck in: ***Die Gleichheit. Zeitschrift für Frauen und Mädchen des werktätigen Volkes***, Jg. 33 (1923), 9/10: S. 71–79.

Eine Fahrt nach Georgien

Kompilation aus den Artikelserien: »Eine Fahrt nach Georgien. Persönliche Erinnerungen«, in: ***Arbeiter-Zeitung***, Jg. 33 (1921), 93 (6. April 1921): S. 5–6; 94 (7. April 1921): S. 5–6; 96 (9. April 1921): S. 5–6; sowie: »Eine Fahrt nach Georgien«, in: ***Die freie Welt***, Jg. 3 (1921), 29: S. 228–231; 30: S. 234–237.

Fahrt nach Belgrad

Erstdruck in: ***Arbeiter-Zeitung***, Jg. 37 (1925), 191 (14. Juli 1925): S. 7 und 9.

Politische Gefangene im zaristischen Russland

Erstdruck als: »Für die politischen Gefangenen Rußlands. Entsetzliche Leiden und Greuel«, in: ***Arbeiter-Zeitung***, Jg. 26 (1914), 80 (22. März 1914): S. 5–6.

Russische Frauen von gestern und heute

Erstdruck in: ***Volksrecht (Zürich)***, Jg. 35 (1932), 80 (6. April 1932): S. 4; 81 (7. April 1932): S. 4; 82 (8. April 1932): S. 4.

Vienna under the Red Flag

Erstdruck in: ***The Social Democrat***, Jg. 46 (1929), 2198: S. 5–6.

heptagon – Verlagsinformation

Luise Kautsky – Gesammelte Schriften

Luise Kautskys Bücher sind heute längst vergriffen und ihre Zeitungsartikel finden sich nur verteilt über verschiedene Bibliotheken. Die als Leseausgabe konzipierte Reihe **Gesammelte Schriften** soll Luise Kautskys Texte erneut der interessierten Öffentlichkeit zugänglich machen.
Bisher erschienen in der Reihe folgende Bände:

Band 1: Luise KAUTSKY: **Rosa Luxemburg – Ein Gedenkbuch**
Print-ISBN: *978-3-96024-000-6*
E-Book-ISBN: *978-3-934616-02-8*

Band 2: Luise KAUTSKY: **Starke Frauen – 15 Porträts von Jenny Marx bis Rosa Luxemburg**
Print-ISBN: *978-3-934616-04-2*
E-Book-ISBN: *978-3-934616-03-5*

Band 3: Luise KAUTSKY: **Kluge Männer – Gedanken über führende Köpfe der sozialistischen Bewegung**
Print-ISBN: *978-3-96024-002-0*
E-Book-ISBN: *978-3-96024-001-3*

Band 4: Luise KAUTSKY: **Schulverpflegung in Europa**
Print-ISBN: *978-3-96024-003-7*
E-Book-ISBN: *978-3-934616-05-9*

Band 5: Luise KAUTSKY: **Erlebtes und Erfahrenes**
Print-ISBN: *978-3-96024-005-1*
E-Book-ISBN: *978-3-96024-004-4*

Band 7: Karl MARX: **Die Inauguraladresse der Internationalen Arbeiter-Assoziation.** Übersetzt v. Luise Kautsky. Hg., eingeleitet u. kommentiert v. Karl Kautsky
Print-ISBN: *978-3-96024-006-8*
E-Book-ISBN: *978-3-96024-007-5*

Weitere Bände sind geplant.

Bestellung unter: https://heptagon.de